Wo Dramatiker verstummten und die Romanciers ratlos erschienen, da erhoben die Lyriker ihre Stimmen. Die hundert besten deutschen Gedichte des zwanzigsten Jahrhunderts präsentiert Marcel Reich-Ranicki in diesem Band. Die Auswahl reicht von Ricarda Huch, Stefan George und Else Lasker-Schüler bis zu den Lyrikern, die nach dem Zweiten Weltkrieg geboren wurden – wie Ulla Hahn und Durs Grünbein.

Im Mittelpunkt der Sammlung stehen Rilke und Benn, Trakl und Celan. Doch am stärksten vertreten ist jener Poet, den viele für den Klassiker der modernen deutschen Poesie halten: Bertolt Brecht. Berücksichtigt werden hier aber auch unterschätzte, wenn nicht gar vergessene Lyriker des Jahrhunderts.

»Ich habe Gedichte ausgewählt, die mir gefallen, solche, die ich schätze oder bewundere oder gar liebe.« Marcel Reich-Ranicki

Marcel Reich-Ranicki wurde am 2. Juni 1920 in Włocławek/Polen geboren. Er wurde mit zahlreichen Preisen geehrt und galt als einer der bedeutendsten Literaturkritiker Deutschlands. Er starb am 18. September 2013 in Frankfurt am Main.

insel taschenbuch 4613

Die hundert besten
deutschen Gedichte des Jahrhunderts

Die hundert besten deutschen Gedichte des Jahrhunderts

Ausgewählt von
Marcel Reich-Ranicki

Insel Verlag

Diese Gedichtzusammenstellung folgt der Ausgabe
Hundert Gedichte des Jahrhunderts. Mit Interpretationen.
Ausgewählt von Marcel Reich-Ranicki
erschienen 2000 im Insel Verlag Frankfurt am Main und Leipzig.
Die Interpretationen wurden hier nicht abgedruckt.

2. Auflage 2019

Erste Auflage 2017
insel taschenbuch 4613

Vertrieb durch den Suhrkamp Taschenbuch Verlag
Umschlag: hißmann, heilmann, hamburg
Umschlagfoto: Jamie Grill/Getty Images
Satz: Satz-Offizin Hümmer GmbH, Waldbüttelbrunn
Druck: CPI – Ebner & Spiegel, Ulm
Printed in Germany
ISBN 978-3-458-36313-2

In memoriam
Bertolt Brecht

INHALT

RICARDA HUCH

Wo hast du all die Schönheit hergenommen

Wo hast du all die Schönheit hergenommen,
Du Liebesangesicht, du Wohlgestalt!
Um dich ist alle Welt zu kurz gekommen.
Weil du die Jugend hast, wird alles alt,
Weil du das Leben hast, muß alles sterben,
Weil du die Kraft hast, ist die Welt kein Hort,
Weil du vollkommen bist, ist sie ein Scherben,
Weil du der Himmel bist, gibts keinen dort!

STEFAN GEORGE

Der herr der insel

Die fischer überliefern dass im süden
Auf einer insel reich an zimmt und öl
Und edlen steinen die im sande glitzern
Ein vogel war der wenn am boden fussend
Mit seinem schnabel hoher stämme krone
Zerpflücken konnte · wenn er seine flügel
Gefärbt wie mit dem saft der Tyrer-schnecke
Zu schwerem niedrem flug erhoben: habe
Er einer dunklen wolke gleichgesehn.
Des tages sei er im gehölz verschwunden ·
Des abends aber an den strand gekommen ·
Im kühlen windeshauch von salz und tang
Die süsse stimme hebend dass delfine
Die freunde des gesanges näher schwammen
Im meer voll goldner federn goldner funken.
So habe er seit urbeginn gelebt ·
Gescheiterte nur hätten ihn erblickt ·
Denn als zum erstenmal die weissen segel
Der menschen sich mit günstigem geleit
Dem eiland zugedreht sei er zum hügel
Die ganze teure stätte zu beschaun gestiegen ·
Verbreitet habe er die grossen schwingen
Verscheidend in gedämpften schmerzeslauten.

An baches ranft
die einzigen frühen
die hasel blühen.
Ein vogel pfeift
in kühler au.

Ein leuchten streift
erwärmt uns sanft
und zuckt und bleicht.
Das feld ist brach
der baum noch grau.
Blumen streut vielleicht
der lenz uns nach.

Komm in den totgesagten park und schau:
Der schimmer ferner lächelnder gestade ·
Der reinen wolken unverhofftes blau
Erhellt die weiher und die bunten pfade.

Dort nimm das tiefe gelb · das weiche grau
Von birken und von buchs · der wind ist lau ·
Die späten rosen welkten noch nicht ganz ·
Erlese küsse sie und flicht den kranz ·

Vergiss auch diese letzten astern nicht ·
Den purpur um die ranken wilder reben
Und auch was übrig blieb von grünem leben
Verwinde leicht im herbstlichen gesicht.

Wir schreiten auf und ab

Wir schreiten auf und ab im reichen flitter
Des buchenganges beinah bis zum tore
Und sehen außen in dem feld vom gitter
Den mandelbaum zum zweitenmal im flore.

Wir suchen nach den schattenfreien bänken
Dort wo uns niemals fremde stimmen scheuchten
In träumen unsre arme sich verschränken
Wir laben uns am langen milden leuchten

Wir fühlen dankbar wie zu leisem brausen
Von wipfeln strahlenspuren auf uns tropfen
Und blicken nur und horchen wenn in pausen
Die reifen früchte an den boden klopfen.

Entführung

Zieh mit mir geliebtes kind
In die wälder ferner kunde
Und behalt als angebind
Nur mein lied in deinem munde.

Baden wir im sanften blau
Der mit duft umhüllten gränzen:
Werden unsre leiber glänzen
Klarer scheinen als der tau.

In der luft sich silbern fein
Fäden uns zu schleiern spinnen.
Auf dem rasen bleichen linnen
Zart wie schnee und sternenschein.

Unter bäumen um den see
Schweben wir vereint uns freuend.
Sachte singend. blumen streuend.
Weisse nelken weissen klee.

ELSE LASKER-SCHÜLER

Ein Liebeslied

Komm zu mir in der Nacht – wir schlafen engverschlungen.
Müde bin ich sehr, vom Wachen einsam.
Ein fremder Vogel hat in dunkler Frühe schon gesungen,
Als noch mein Traum mit sich und mir gerungen.

Es öffnen Blumen sich vor allen Quellen
Und färben sich mit deiner Augen Immortellen …

Komm zu mir in der Nacht auf Siebensternenschuhen
Und Liebe eingehüllt spät in mein Zelt.
Es steigen Monde aus verstaubten Himmelstruhen.

Wir wollen wie zwei seltene Tiere liebesruhen
Im hohen Rohre hinter dieser Welt.

Mein blaues Klavier

Ich habe zu Hause ein blaues Klavier
Und kenne doch keine Note.

Es steht im Dunkel der Kellertür,
Seitdem die Welt verrohte.

Es spielen Sternenhände vier
– Die Mondfrau sang im Boote –
Nun tanzen die Ratten im Geklirr.

Zerbrochen ist die Klaviatür …
Ich beweine die blaue Tote.

Ach liebe Engel öffnet mir
– Ich aß vom bitteren Brote –
Mir lebend schon die Himmelstür –
Auch wider dem Verbote.

CHRISTIAN MORGENSTERN

Ein Lächeln irrt verflogen
durch einen lauten Saal,
bis es auf einem Bogen
von schillerndem Opal
sein kleines Leben endet,
den letzten Blick noch matt
zu der herabgewendet,
die es verloren hat.

Das ästhetische Wiesel

Ein Wiesel
saß auf einem Kiesel
inmitten Bachgeriesel.

Wißt ihr,
weshalb

Das Mondkalb
verriet es mir
im stillen:

Das raffinier-
te Tier
tats um des Reimes willen.

Das Huhn

In der Bahnhofhalle, nicht für es gebaut,
geht ein Huhn
hin und her ...
Wo, wo ist der Herr Stationsvorsteh'r?

Wird dem Huhn
man nichts tun?
Hoffen wir es! Sagen wir es laut:
daß ihm unsre Sympathie gehört,
selbst an dieser Stätte, wo es – ›stört‹!

KARL KRAUS

Man frage nicht, was all die Zeit ich machte.
Ich bleibe stumm;
und sage nicht, warum.
Und Stille gibt es, da die Erde krachte.
Kein Wort, das traf;
man spricht nur aus dem Schlaf.
Und träumt von einer Sonne, welche lachte.
Es geht vorbei;
nachher war's einerlei.
Das Wort entschlief, als jene Welt erwachte.

Traum vom Fliegen

Und wieder mir träumte, ich wäre geflogen,
und diesesmal war es doch sicherlich wahr,
denn ich hatte so leicht wie die Luft ja gewogen
und hatte die Knie an den Körper gezogen,
und es ging wie im Flug, im beherztesten Bogen
hoch über der schwergewichtigen Schar,
es war keine Täuschung, ich war nicht betrogen,
es flogen die Stunden, die Tage, das Jahr.

Mit fliegenden Hoffnungen vollgesogen,
so wach' ich mit müderen Gliedern auf.
Zu Lande ist Leben; und angelogen,
vom leichtesten Trug an der Nase gezogen,
aus allen Himmeln zur Erde geflogen,
da lieg' ich, da liegen die Lügen zuhauf.
Und trotzdem bleib' ich dem Traume gewogen,
so läuft er sich leichter, der Lebenslauf.

RAINER MARIA RILKE

Abschied

Wie hab ich das gefühlt, was Abschied heißt.
Wie weiß ichs noch: ein dunkles unverwundnes
grausames Etwas, das ein Schönverbundnes
noch einmal zeigt und hinhält und zerreißt.

Wie war ich ohne Wehr, dem zuzuschauen,
das, da es mich, mich rufend, gehen ließ,
zurückblieb, so als wärens alle Frauen
und dennoch klein und weiß und nichts als dies:

Ein Winken, schon nicht mehr auf mich bezogen,
ein leise Weiterwinkendes –, schon kaum
erklärbar mehr: vielleicht ein Pflaumenbaum,
von dem ein Kuckuck hastig abgeflogen.

Der Panther

Im Jardin des Plantes, Paris

Sein Blick ist vom Vorübergehn der Stäbe
so müd geworden, daß er nichts mehr hält.
Ihm ist, als ob es tausend Stäbe gäbe
und hinter tausend Stäben keine Welt.

Der weiche Gang geschmeidig starker Schritte,
der sich im allerkleinsten Kreis dreht,
ist wie ein Tanz von Kraft um eine Mitte,
in der betäubt ein großer Wille steht.

Nur manchmal schiebt der Vorhang der Pupille
sich lautlos auf –. Dann geht ein Bild hinein,
geht durch die Glieder angespannte Stille –
und hört im Herzen auf zu sein.

Herbsttag

Herr: es ist Zeit. Der Sommer war sehr groß.
Leg deinen Schatten auf die Sonnenuhren,
und auf den Fluren laß die Winde los.

Befiehl den letzten Früchten voll zu sein;
gieb ihnen noch zwei südlichere Tage,
dränge sie zur Vollendung hin und jage
die letzte Süße in den schweren Wein.

Wer jetzt kein Haus hat, baut sich keines mehr.
Wer jetzt allein ist, wird es lange bleiben.
wird wachen, lesen, lange Briefe schreiben
und wird in den Alleen hin und her
unruhig wandern, wenn die Blätter treiben.

Römische Fontäne

Borghese

Zwei Becken, eins das andre übersteigend
aus einem alten runden Marmorrand,
und aus dem oberen Wasser leis sich neigend
zum Wasser, welches unten wartend stand,

dem leise redenden entgegenschweigend
und heimlich, gleichsam in der hohlen Hand,

ihm Himmel hinter Grün und Dunkel zeigend
wie einen unbekannten Gegenstand;

sich selber ruhig in der schönen Schale
verbreitend ohne Heimweh, Kreis aus Kreis,
nur manchmal träumerisch und tropfenweis

sich niederlassend an den Moosbehängen
zum letzten Spiegel, der sein Becken leis
von unten lächeln macht mit Übergängen.

Das Karussell

Jardin du Luxembourg

Mit einem Dach und seinem Schatten dreht
sich eine kleine Weile der Bestand
von bunten Pferden, alle aus dem Land,
das lange zögert, eh es untergeht.
Zwar manche sind an Wagen angespannt,
doch alle haben Mut in ihren Mienen;
ein böser roter Löwe geht mit ihnen
und dann und wann ein weißer Elefant.

Sogar ein Hirsch ist da, ganz wie im Wald,
nur daß er einen Sattel trägt und drüber
ein kleines blaues Mädchen aufgeschnallt.

Und auf dem Löwen reitet weiß ein Junge
und hält sich mit der kleinen heißen Hand,
dieweil der Löwe Zähne zeigt und Zunge.

Und dann und wann ein weißer Elefant.

Und auf den Pferden kommen sie vorüber,
auch Mädchen, helle, diesem Pferdesprunge
fast schon entwachsen; mitten in dem Schwunge
schauen sie auf, irgendwohin, herüber –

Und dann und wann ein weißer Elefant.

Und das geht hin und eilt sich, daß es endet,
und kreist und dreht sich nur und hat kein Ziel.
Ein Rot, ein Grün, ein Grau vorbeigesendet,
ein kleines kaum begonnenes Profil –.
Und manchesmal ein Lächeln, hergewendet,
ein seliges, das blendet und verschwendet
an dieses atemlose blinde Spiel …

HERMANN HESSE

Im Nebel

Seltsam, im Nebel zu wandern!
Einsam ist jeder Busch und Stein,
Kein Baum sieht den andern,
Jeder ist allein.

Voll von Freunden war mir die Welt,
Als noch mein Leben licht war;
Nun, da der Nebel fällt,
Ist keiner mehr sichtbar.

Wahrlich, keiner ist weise,
Der nicht das Dunkel kennt,
Das unentrinnbar und leise
Von allen ihn trennt.

Seltsam, im Nebel zu wandern!
Leben ist Einsamsein.
Kein Mensch kennt den andern,
Jeder ist allein.

JOACHIM RINGELNATZ

Logik

Die Nacht war kalt und sternenklar,
Da trieb im Meer bei Norderney
Ein Suahelischnurrbarthaar. –
Die nächste Schiffsuhr wies auf drei.

Mir scheint da mancherlei nicht klar,
Man fragt doch, wenn man Logik hat,
Was sucht ein Suahelihaar
Denn nachts um drei am Kattegat?

Die Schnupftabaksdose

Es war eine Schnupftabaksdose,
Die hatte Friedrich der Große
Sich selbst geschnitzelt aus Nußbaumholz.
Und darauf war sie natürlich stolz.

Da kam ein Holzwurm gekrochen.
Der hatte Nußbaum gerochen.
Die Dose erzählte ihm lang und breit
Von Friedrich dem Großen und seiner Zeit.

Sie nannte den alten Fritz generös.
Da aber wurde der Holzwurm nervös
Und sagte, indem er zu bohren begann:
»Was geht mich Friedrich der Große an!«

GOTTFRIED BENN

Mann und Frau gehen durch die Krebsbaracke

Der Mann:
Hier diese Reihe sind zerfallene Schöße,
und diese Reihe ist zerfallene Brust.
Bett stinkt bei Bett. Die Schwestern wechseln stündlich.

Komm, hebe ruhig diese Decke auf.
Sieh, dieser Klumpen Fett und faule Säfte,
das war einst irgendeinem Mann groß
und hieß auch Rausch und Heimat.

Komm, sieh auf diese Narbe an der Brust.
Fühlst du den Rosenkranz von weichen Knoten?
Fühl ruhig hin. Das Fleisch ist weich und schmerzt nicht.

Hier diese blutet wie aus dreißig Leibern.
Kein Mensch hat so viel Blut.
Hier dieser schnitt man
erst noch ein Kind aus dem verkrebsten Schoß.

Man läßt sie schlafen. Tag und Nacht. – Den Neuen
sagt man: hier schläft man sich gesund. – Nur sonntags
für den Besuch läßt man sie etwas wacher.

Nahrung wird wenig noch verzehrt. Die Rücken
sind wund. Du siehst die Fliegen. Manchmal
wäscht sie die Schwester. Wie man Bänke wäscht.

Hier schwillt der Acker schon um jedes Bett.
Fleisch ebnet sich zu Land. Glut gibt sich fort.
Saft schickt sich an zu rinnen. Erde ruft.

Letzter Frühling

Nimm die Forsythien tief in dich hinein
und wenn der Flieder kommt, vermisch auch diesen
mit deinem Blut und Glück und Elendsein,
dem dunklen Grund, auf den du angewiesen.

Langsame Tage. Alles überwunden.
Und fragst du nicht, ob Ende, ob Beginn,
dann tragen dich vielleicht die Stunden
noch bis zum Juni mit den Rosen hin.

Kommt –

Kommt, reden wir zusammen,
wer redet, ist nicht tot,
es züngeln doch die Flammen
schon sehr um unsere Not.

Kommt, sagen wir: die Blauen,
kommt, sagen wir: das Rot,
wir hören, lauschen, schauen.
wer redet, ist nicht tot.

Allein in deiner Wüste,
in deinem Gobigraun –
du einsamst – keine Büste,
kein Zwiespruch, keine Fraun,

und schon so nah den Klippen,
du kennst dein schwaches Boot –
kommt, öffnet doch die Lippen,
wer redet, ist nicht tot.

Einsamer nie –

Einsamer nie als im August:
Erfüllungsstunde – im Gelände
die roten und die goldenen Brände,
doch wo ist deiner Gärten Lust?

Die Seen hell, die Himmel weich,
die Äcker rein und glänzen leise,
doch wo sind Sieg und Siegsbeweise
aus dem von dir vertretenen Reich?

Wo alles sich durch Glück beweist
und tauscht den Blick und tauscht die Ringe
im Weingeruch, im Rausch der Dinge –:
dienst du dem Gegenglück, dem Geist.

Nur zwei Dinge

Durch so viel Formen geschritten,
durch Ich und Wir und Du,
doch alles blieb erlitten
durch die ewige Frage: wozu?

Das ist eine Kinderfrage.
Dir wurde erst spät bewußt,
es gibt nur eines: ertrage
– ob Sinn, ob Sucht, ob Sage –
dein fernbestimmtes: Du mußt.

Ob Rosen, ob Schnee, ob Meere,
was alles erblühte, verblich,
es gibt nur zwei Dinge: die Leere
und das gezeichnete Ich.

GEORG HEYM

Letzte Wache

Wie dunkel sind deine Schläfen
Und deine Hände so schwer.
Bist du schon weit von dannen,
Und hörst mich nicht mehr?

Unter dem flackernden Lichte
Bist du so traurig und alt,
Und deine Lippen sind grausam
In ewige Starre gekrallt.

Morgen schon ist hier das Schweigen
Und vielleicht in der Luft
Noch das Rascheln von Kränzen
Und ein verwesender Duft.

Aber die Nächte werden
Leerer nun, Jahr um Jahr,
Hier wo dein Haupt lag und leise
Immer dein Atem war.

Robespierre

Er meckert vor sich hin. Die Augen starren
Ins Wagenstroh. Der Mund kaut weißen Schleim.
Er zieht ihn schluckend durch die Backen ein.
Sein Fuß hängt nackt heraus durch zwei der Sparren.

Bei jedem Wagenstoß fliegt er nach oben.
Der Arme Ketten rasseln dann wie Schellen.

Man hört der Kinder frohes Lachen gellen,
Die ihre Mütter aus der Menge hoben.

Man kitzelt ihn am Bein, er merkt es nicht.
Da hält der Wagen. Er sieht auf und schaut
Am Straßenende schwarz das Hochgericht.

Die aschengraue Stirn wird schweißbetaut.
Der Mund verzerrt sich furchtbar im Gesicht.
Man harrt des Schreis. Doch hört man keinen Laut.

JAKOB VAN HODDIS

Weltende

Dem Bürger fliegt vom spitzen Kopf der Hut,
In allen Lüften hallt es wie Geschrei,
Dachdecker stürzen ab und gehn entzwei
Und an den Küsten – liest man – steigt die Flut.

Der Sturm ist da, die wilden Meere hupfen
An Land, um dicke Dämme zu zerdrücken.
Die meisten Menschen haben einen Schnupfen.
Die Eisenbahnen fallen von den Brücken.

KURT SCHWITTERS

Der Zigarette Ende

Die Zigarette lag im Gras,
Zertreten und zu Tode wund
Der Wind war kalt, der Boden naß
Doch brennend heiß ihr roter Mund.

Ein Leuchtwurm kam herangeflogen
Und fühlte stark sich angezogen
Er dachte sich, ein schöner Stern
Wär' abgerutscht vom Himmelszelt

Zu loben unsern güt'gen Herrn
In dieser bösen Sündenwelt
Jedoch im letzten Todeskampfe
Verglühte sie im eig'nen Dampfe.

Da sagte er: »Dem Herrn zum Gruß,
Ich schätze schöne Dinge sehr
Nimm meinen heißen Glühwurm-Kuß«,
Doch sie, sie setzte sich zur Wehr.

Und er verbrannte ohn' Erbarmen
In ihren heißen Liebesarmen.

GEORG TRAKL

Grodek

Am Abend tönen die herbstlichen Wälder
Von tödlichen Waffen, die goldnen Ebenen
Und blauen Seen, darüber die Sonne
Düstrer hinrollt; umfängt die Nacht
Sterbende Krieger, die wilde Klage
Ihrer zerbrochenen Münder.
Doch stille sammelt im Weidengrund
Rotes Gewölk, darin ein zürnender Gott wohnt
Das vergoßne Blut sich, mondne Kühle;
Alle Straßen münden in schwarze Verwesung.
Unter goldnem Gezweig der Nacht und Sternen
Es schwankt der Schwester Schatten durch den schweigenden Hain,
Zu grüßen die Geister der Helden, die blutenden Häupter;
Und leise tönen im Rohr die dunkeln Flöten des Herbstes.
O stolzere Trauer! ihr ehernen Altäre
Die heiße Flamme des Geistes nährt heute ein gewaltiger Schmerz,
Die ungebornen Enkel.

Der Herbst des Einsamen

Der dunkle Herbst kehrt ein voll Frucht und Fülle,
Vergilbter Glanz von schönen Sommertagen.
Ein reines Blau tritt aus verfallener Hülle;
Der Flug der Vögel tönt von alten Sagen.
Gekeltert ist der Wein, die milde Stille
Erfüllt von leiser Antwort dunkler Fragen.

Und hier und dort ein Kreuz auf ödem Hügel;
Im roten Wald verliert sich eine Herde.
Die Wolke wandert übern Weiherspiegel;
Es ruht des Landmanns ruhige Gebärde.
Sehr leise rührt des Abends blauer Flügel
Ein Dach von dürrem Stroh, die schwarze Erde.

Bald nisten Sterne in des Müden Brauen;
In kühle Stuben kehrt ein still Bescheiden
Und Engel treten leise aus den blauen
Augen der Liebenden, die sanfter leiden.
Es rauscht das Rohr; anfällt ein knöchern Grauen,
Wenn schwarz der Tau tropft von den kahlen Weiden.

Die Kirche

Gemalte Engel hüten die Altäre;
Und Ruh und Schatten; Strahl aus blauen Augen.
In Weihrauchdünsten schwimmen schmutzige Laugen.
Gestalten schwanken jammervoll ins Leere.

Im schwarzen Betstuhl gleichet der Madonne
Ein kleines Hürlein mit verblichnen Wangen.
An goldnen Strahlen Wachsfiguren hangen;
Weißbärtigen Gott umkreisen Mond und Sonne.

Ein Schein von weichen Säulen und Gerippen.
Am Chor der Knaben süße Stimmen starben.
Sehr leise regen sich versunkene Farben,
Ein strömend Rot von Magdalenens Lippen.

Ein schwangeres Weib geht irr in schweren Träumen
Durch diese Dämmerung voll Masken, Fahnen.
Ihr Schatten kreuzt der Heiligen stille Bahnen,
Der Engel Ruh in kalkgetünchten Räumen.

In den Nachmittag geflüstert

Sonne, herbstlich dünn und zag,
Und das Obst fällt von den Bäumen.
Stille wohnt in blauen Räumen
Einen langen Nachmittag.

Sterbeklänge von Metall;
Und ein weißes Tier bricht nieder.
Brauner Mädchen rauhe Lieder
Sind verweht im Blätterfall.

Stirne Gottes Farben träumt,
Spürt des Wahnsinns sanfte Flügel.
Schatten drehen sich am Hügel
Von Verwesung schwarz umsäumt.

Dämmerung von Ruh und Wein;
Traurige Guitarren rinnen.
Und zur milden Lampe drinnen
Kehrst du wie im Traume ein.

ALFRED LICHTENSTEIN

Gebet vor der Schlacht

Inbrünstig singt die Mannschaft, jeder für sich:
Gott, behüte mich vor Unglück,
Vater, Sohn und heilger Geist,
Daß mich nicht Granaten treffen,
Das die Luder, unsre Feinde,
Mich nicht fangen, nicht erschießen,
Daß ich nicht wie 'n Hund verrecke
Für das teure Vaterland.

Sieh, ich möchte gern noch leben,
Kühe melken, Mädchen stopfen
Und den Schuft, den Sepp, verprügeln,
Mich noch manches Mal besaufen
Bis zu meinem selgen Ende.
Sieh, ich bete gut und gerne
Täglich sieben Rosenkränze,
Wenn du, Gott, in deiner Gnade
Meinen Freund, den Huber oder
Meier, tötest, mich verschonst.

Aber muß ich doch dran glauben,
Laß mich nicht zu schwer verwunden.
Schick mir einen leichten Beinschuß,
Eine kleine Armverletzung,
Daß ich als ein Held zurückkehr,
Der etwas erzählen kann.

KLABUND

Liebeslied

Dein Mund, der schön geschweifte,
Dein Lächeln, das mich streifte,
Dein Blick, der mich umarmte,
Dein Schoß, der mich erwarmte,
Dein Arm, der mich umschlungen,
Dein Wort, das mich umsungen,
Dein Haar, darein ich tauchte,
Dein Atem, der mich hauchte,
Dein Herz, das wilde Fohlen,
Die Seele unverhohlen,
Die Füße, welche liefen,
Als meine Lippen riefen –:
Gehört wohl mir, ist alles meins,
Wüßt' nicht, was mir das Liebste wär',
Und gäb nicht Höll' noch Himmel her:
Eines und alles, all und eins.

KURT TUCHOLSKY

An das Baby

Alle stehn um dich herum:
Fotograf und Mutti
und ein Kasten, schwarz und stumm,
Felix, Tanti Putti ...

Sie wackeln mit dem Schlüsselbund,
fröhlich quietscht ein Gummihund.
»Baby, lach mal!« ruft Mama.
»Guck«, ruft Tante, »eiala!«

Aber du, mein kleiner Mann,
siehst dir die Gesellschaft an ...
Na, und dann – was meinste?
Weinste.

Später stehn um dich herum
Vaterland und Fahnen;
Kirche, Ministerium,
Welsche und Germanen.

Jeder stiert nur unverwandt
auf das eigne kleine Land.
Jeder kräht auf seinem Mist,
weiß genau, was Wahrheit ist.

Aber du, mein guter Mann,
siehst dir die Gesellschaft an ...
Na, und dann – was machste?
Lachste.

Park Monceau

Hier ist es hübsch. Hier kann ich ruhig träumen.
Hier bin ich Mensch – und nicht nur Zivilist.
Hier darf ich links gehen. Unter grünen Bäumen
sagt keine Tafel, was verboten ist.

Ein dicker Kullerball liegt auf dem Rasen.
Ein Vogel zupft an einem hellen Blatt.
Ein kleiner Junge gräbt sich in der Nasen
und freut sich, wenn er was gefunden hat.

Es prüfen vier Amerikanerinnen
ob Cook auch recht hat und hier Bäume stehn.
Paris von außen und Paris von innen:
sie sehen nichts und müssen alles sehn.

Die Kinder lärmen auf den bunten Steinen.
Die Sonne scheint und glitzert auf ein Haus.
Ich sitze still und lasse mich bescheinen
und ruh von meinem Vaterlande aus.

FRANZ WERFEL

Das Bleibende

Solang noch der Tatrawind leicht
Slovakische Blumen bestreicht,
Solang wirken Mädchen sie ein
In trauliche Buntstickerein.

Solang noch im bayrischen Wald
Die Axt im Morgengraun hallt,
Solang auch der Einsame sitzt,
Der Gott und die Heiligen schnitzt.

Solang auf ligurischer Fahrt
Das Meer seine Fischer gewahrt,
Solang wird am Strande es schaun
Die spitzenklöppelnden Fraun.

Ihr Völker der Erde, mich rührt
Das Bleibende, das ihr vollführt.
Ich selbst, ohne Volk ohne Land,
Stütz nun meine Stirn in die Hand.

JOHANNES R. BECHER

Auferstanden aus Ruinen

Auferstanden aus Ruinen
Und der Zukunft zugewandt,
Laß uns dir zum Guten dienen,
Deutschland, einig Vaterland.
Alte Not gilt es zu zwingen,
Und wir zwingen sie vereint,
Denn es muß uns doch gelingen,
Daß die Sonne schön wie nie
Über Deutschland scheint,
Über Deutschland scheint.

Glück und Frieden sei beschieden
Deutschland, unserm Vaterland.
Alle Welt sehnt sich nach Frieden,
Reicht den Völkern eure Hand.
Wenn wir brüderlich uns einen,
Schlagen wir des Volkes Feind!
Laßt das Licht des Friedens scheinen,
Daß nie eine Mutter mehr
Ihren Sohn beweint,
Ihren Sohn beweint.

Laßt uns pflügen, laßt uns bauen,
Lernt und schafft, wie nie zuvor,
Und der eignen Kraft vertrauend,
Steigt ein frei Geschlecht empor.

Deutsche Jugend, bestes Streben
Unsres Volks in dir vereint,
Wirst du Deutschlands neues Leben

Und die Sonne schön wie nie
Über Deutschland scheint,
Über Deutschland scheint.

YVAN GOLL

Orpheus

Ich steig in jeden Autobus
Wo einem eine Frau mit einem Samthut sitzt
Und Traum um die Augen wie du!
In allen Opernhäusern such ich die Logen ab
Für jeden Dampfer nach Thule hab ich Karten:
Seit ich, Eurydike, dich verlor
Weil ich mich einmal umsah
Muß ich mich umsehn
Nach allen Frauen der Erde.

THEODOR KRAMER

Wer läutet draußen an der Tür?

Wer läutet draußen an der Tür,
kaum daß es sich erhellt?
Ich geh schon, Schatz. Der Bub hat nur
die Semmeln hingestellt.

Wer läutet draußen an der Tür?
Bleib nur; ich geh, mein Kind.
Es war ein Mann, der fragte an
beim Nachbarn, wer wir sind.

Wer läutet draußen an der Tür?
Laß ruhig die Wanne voll.
Die Post war da; der Brief ist nicht
dabei, der kommen soll.

Wer läutet draußen an der Tür?
Leg du die Betten aus.
Der Hausbesorger war's; wir solln
am Ersten aus dem Haus.

Wer läutet draußen an der Tür?
Die Fuchsien blühn so nah.
Pack, Liebste, mir mein Waschzeug ein
und wein nicht; sie sind da.

Zur halben Nacht

Was bin ich plötzlich aufgewacht.
Die Luft ist schal und dick;
unsichtbar sitzt zur halben Nacht
ein Druck mir im Genick.
Ist niemand da, der trinken will
mit mir vorm Nahn des Lichts?
Ich trommle laut, ich trommle still
den schwarzen Marsch ins Nichts.

Der Mond steht kalt am Himmel, wie
gefallen aus der Zeit;
die Sträucher seufzen hohl wie nie
vor lauter Einsamkeit.
Ist niemand da, der schlafen will
mit mir vorm Nahn des Lichts?
Ich trommle laut, ich trommle still
den schwarzen Marsch ins Nichts.

Erschöpft hat sich, was du verlangst
von mir, o Welt; ich härm
im Schlaf mich sehr und ich hab Angst
und mach, allein, mir Lärm.
Ist niemand da, der mithörn will
die Stimme des Gerichts?
ich trommle laut, ich trommle still
den schwarzen Marsch ins Nichts.

BERTOLT BRECHT

Kinderhymne

Anmut sparet nicht noch Mühe
Leidenschaft nicht noch Verstand
Daß ein gutes Deutschland blühe
Wie ein andres gutes Land.

Daß die Völker nicht erbleichen
Wie vor einer Räuberin
Sondern ihre Hände reichen
Uns wie andern Völkern hin.

Und nicht über und nicht unter
Andern Völkern wolln wir sein
Von der See bis zu den Alpen
Von der Oder bis zum Rhein.

Und weil wir dies Land verbessern
Lieben und beschirmen wir's
Und das liebste mag's uns scheinen
So wie andern Völkern ihrs.

Erinnerung an die Marie A.

1

An jenem Tag im blauen Mond September
Still unter einem jungen Pflaumenbaum
Da hielt ich sie, die stille bleiche Liebe
In meinem Arm wie einen holden Traum.
Und über uns im schönen Sommerhimmel

War eine Wolke, die ich lange sah
Sie war sehr weiß und ungeheuer oben
Und als ich aufsah, war sie nimmer da.

2

Seit jenem Tag sind viele, viele Monde
Geschwommen still hinunter und vorbei.
Die Pflaumenbäume sind wohl abgehauen
Und fragst du mich, was mit der Liebe sei?
So sag ich dir: Ich kann mich nicht erinnern
Und doch, gewiß, ich weiß schon, was du meinst.
Doch ihr Gesicht, das weiß ich wirklich nimmer
Ich weiß nur mehr: ich küßte es dereinst.

3

Und auch den Kuß, ich hätt ihn längst vergessen
Wenn nicht die Wolke dagewesen wär
Die weiß ich noch und werd ich immer wissen
Sie war sehr weiß und kam von oben her.
Die Pflaumenbäume blühn vielleicht noch immer
Und jene Frau hat jetzt vielleicht das siebte Kind
Doch jene Wolke blühte nur Minuten
Und als ich aufsah, schwand sie schon im Wind.

Das Lied von der Moldau

Am Grunde der Moldau wandern die Steine
Es liegen drei Kaiser begraben in Prag.
Das Große bleibt groß nicht und klein nicht das Kleine.
Die Nacht hat zwölf Stunden, dann kommt schon der Tag.

Es wechseln die Zeiten. Die riesigen Pläne
Der Mächtigen kommen am Ende zum Halt.
Und gehn sie einher auch wie blutige Hähne
Es wechseln die Zeiten, da hilft kein Gewalt.

Am Grunde der Moldau wandern die Steine
Es liegen drei Kaiser begraben in Prag.
Das Große bleibt groß nicht und klein nicht das Kleine.
Die Nacht hat zwölf Stunden, dann kommt schon der Tag.

Gegen Verführung

1

Laßt euch nicht verführen!
Es gibt keine Wiederkehr.
Der Tag steht in den Türen;
Ihr könnt schon Nachtwind spüren:
Es kommt kein Morgen mehr.

2

Laßt euch nicht betrügen!
Das Leben wenig ist.
Schlürft es in schnellen Zügen!
Es wird euch nicht genügen
Wenn ihr es lassen müßt!

3

Laßt euch nicht vertrösten!
Ihr habt nicht zu viel Zeit!

Laßt Moder den Erlösten!
Das Leben ist am größten:
Es steht nicht mehr bereit.

4

Laßt euch nicht verführren
Zu Fron und Ausgezehr!
Was kann euch Angst noch rühren?
Ihr sterbt mit allen Tieren
Und es kommt nichts nachher.

Die Liebenden

Sieh jene Kraniche in großem Bogen!
Die Wolken, welche ihnen beigegeben
Zogen mit ihnen schon, als sie entflogen
Aus einem Leben in ein andres Leben.
In gleicher Höhe und mit gleicher Eile
Scheinen sie alle beide nur daneben.
Daß so der Kranich mit der Wolke teile
Den schönen Himmel, den sie kurz befliegen
Daß also keines länger hier verweile
Und keines andres sehe als das Wiegen
Des andern in dem Wind, den beide spüren
Die jetzt im Fluge beieinander liegen
So mag der Wind sie in das Nichts entführen
Wenn sie nur nicht vergehen und sich bleiben
So lange kann sie beide nichts berühren
So lange kann man sie von jedem Ort vertreiben
Wo Regen drohen oder Schüsse schallen.
So unter Sonn und Monds wenig verschiedenen Scheiben
Fliegen sie hin, einander ganz verfallen.

Wohin, ihr? – Nirgend hin. – Von wem davon? – Von allen.
Ihr fragt, wie lange sind sie schon beisammen?
Seit kurzem. – Und wann werden sie sich trennen? – Bald.
So scheint die Liebe Liebenden ein Halt.

Entdeckung an einer jungen Frau

Des Morgens nüchterner Abschied, eine Frau
Kühl zwischen Tür und Angel, kühl besehn.
Da sah ich: eine Strähn in ihrem Haar war grau
Ich konnt mich nicht entschließen mehr zu gehn.

Stumm nahm ich ihre Brust, und als sie fragte
Warum ich Nachtgast nach Verlauf der Nacht
Nicht gehen wolle, denn so war's gedacht
Sah ich sie unumwunden an und sagte:

Ist's nur noch eine Nacht, will ich noch bleiben
Doch nütze deine Zeit; das ist das Schlimme
Daß du so zwischen Tür und Angel stehst.

Und laß uns die Gespräche rascher treiben
Denn wir vergaßen ganz, daß du vergehst.
Und es verschlug Begierde mir die Stimme.

Vom armen B. B.

1

Ich, Bertolt Brecht, bin aus den schwarzen Wäldern.
Meine Mutter trug mich in die Städte hinein
Als ich in ihrem Leibe lag. Und die Kälte der Wälder
Wird in mir bis zu meinem Absterben sein.

2

In der Asphaltstadt bin ich daheim. Von allem Anfang
Versehen mit jedem Sterbsakrament:
Mit Zeitungen. Und Tabak. Und Branntwein.
Mißtrauisch und faul und zufrieden am End.

3

Ich bin zu den Leuten freundlich. Ich setze
Einen steifen Hut auf nach ihrem Brauch.
Ich sage: Es sind ganz besonders riechende Tiere
Und ich sage: Es macht nichts, ich bin es auch.

4

In meine leeren Schaukelstühle vormittags
Setze ich mir mitunter ein paar Frauen
Und ich betrachte sie sorglos und sage ihnen:
In mir habt ihr einen, auf den könnt ihr nicht bauen.

5

Gegen Abend versammle ich um mich Männer
Wir reden uns da mit »Gentlemen« an.
Sie haben ihre Füße auf meinen Tischen
Und sagen: Es wird besser mit uns. Und ich frage nicht: Wann?

6

Gegen Morgen in der grauen Frühe pissen die Tannen
Und ihr Ungeziefer, die Vögel, fängt an zu schrein.
Um die Stunde trink ich mein Glas in der Stadt aus und schmeiße
Den Tabakstummel weg und schlafe beunruhigt ein.

7

Wir sind gesessen, ein leichtes Geschlechte
In Häusern, die für unzerstörbare galten
(So haben wir gebaut die langen Gehäuse des Eilands Manhattan
Und die dünnen Antennen, die das Atlantische Meer unterhalten).

8

Von diesen Städten wird bleiben: der durch sie hindurchging, der Wind!
Fröhlich machet das Haus den Esser: er leert es.
Wir wissen, daß wir Vorläufige sind
Und nach uns wird kommen: nichts Nennenswertes.

9

Bei den Erdbeben, die kommen werden, werde ich hoffentlich
Meine Virginia nicht ausgehen lassen durch Bitterkeit
Ich, Bertolt Brecht, in die Asphaltstädte verschlagen
Aus den schwarzen Wäldern in meiner Mutter in früher Zeit.

Fragen eines lesenden Arbeiters

Wer baute das siebentorige Theben?
In den Büchern stehen die Namen von Königen.
Haben die Könige die Felsbrocken herbeigeschleppt?
Und das mehrmals zerstörte Babylon –
Wer baute es so viele Male auf? In welchen Häusern
Des goldstrahlenden Lima wohnten die Bauleute?
Wohin gingen an dem Abend, wo die Chinesische Mauer fertig war
Die Maurer? Das große Rom
Ist voll von Triumphbögen. Wer errichtete sie? Über wen
Triumphierten die Cäsaren? Hatte das vielbesungene Byzanz
Nur Paläste für seine Bewohner? Selbst in dem sagenhaften Atlantis
Brüllten in der Nacht, wo das Meer es verschlang
Die Ersaufenden nach ihren Sklaven.

Der junge Alexander eroberte Indien.
Er allein?
Cäsar schlug die Gallier.
Hatte er nicht wenigstens einen Koch bei sich?
Philipp von Spanien weinte, als seine Flotte
Untergegangen war. Weinte sonst niemand?
Friedrich der Zweite siegte im Siebenjährigen Krieg. Wer
Siegte außer ihm?

Jede Seite ein Sieg.
Wer kochte den Siegesschmaus?
Alle zehn Jahre ein großer Mann.
Wer bezahlte die Spesen?

So viele Berichte.
So viele Fragen.

Als ich nachher von dir ging

Als ich nachher von dir ging
An dem großen Heute
Sah ich, als ich sehn anfing
Lauter lustige Leute.

Und seit jener Abendstund
Weißt schon, die ich meine
Hab ich einen schönern Mund
Und geschicktere Beine.

Grüner ist, seit ich so fühl
Baum und Strauch und Wiese
Und das Wasser schöner kühl
Wenn ich's auf mich gieße.

Apfelböck oder die Lilie auf dem Felde

1

In mildem Lichte Jakob Apfelböck
Erschlug den Vater und die Mutter sein
Und schloß sie beide in den Wäscheschrank
Und blieb im Hause übrig, er allein.

2

Es schwammen Wolken unterm Himmel hin
Und um sein Haus ging mild der Sommerwind
Und in dem Hause saß er selber drin
Vor sieben Tagen war es noch ein Kind.

3

Die Tage gingen und die Nacht ging auch
Und nichts war anders außer mancherlei
Bei seinen Eltern Jakob Apfelböck
Wartete einfach, komme was es sei.

4

Es bringt die Milchfrau noch die Milch ins Haus
Gerahmte Buttermilch, süß, fett und kühl.
Was er nicht trinkt, das schüttet Jakob aus
Denn Jakob Apfelböck trinkt nicht mehr viel.

5

Es bringt der Zeitungsmann die Zeitung noch
Mit schwerem Tritt ins Haus beim Abendlicht
Und wirft sie scheppernd in das Kastenloch
Doch Jakob Apfelböck, der liest sie nicht.

6

Und als die Leichen rochen durch das Haus
Da weinte Jakob und ward krank davon.
Und Jakob Apfelböck zog weinend aus
Und schlief von nun an nur auf dem Balkon.

7

Es sprach der Zeitungsmann, der täglich kam:
Was riecht hier so? Ich rieche doch Gestank.
In mildem Licht sprach Jakob Apfelböck:
Es ist die Wäsche in dem Wäscheschrank.

8

Es sprach die Milchfrau einst, die täglich kam:
Was riecht hier so? Es riecht, als wenn man stirbt!
In mildem Licht sprach Jakob Apfelböck:
Es ist das Kalbfleisch, das im Schrank verdirbt.

9

Und als sie einstens in den Schrank ihm sahn
Stand Jakob Apfelböck in mildem Licht
Und als sie fragten, warum er's getan
Sprach Jakob Apfelböck: Ich weiß es nicht.

10

Die Milchfrau aber sprach am Tag danach:
Ob wohl das Kind einmal, früh oder spät
Ob Jakob Apfelböck wohl einmal noch
Zum Grabe seiner armen Eltern geht?

An meine Landsleute

Ihr, die ihr überlebtet in gestorbenen Städten
Habt doch nun endlich mit euch selbst Erbarmen!
Zieht nun in neue Kriege nicht, ihr Armen
Als ob die alten nicht gelanget hätten:
Ich bitt euch, habet mit euch selbst Erbarmen!

Ihr Männer, greift zur Kelle, nicht zum Messer!
Ihr säßet unter Dächern schließlich jetzt
Hättet ihr auf das Messer nicht gesetzt
Und unter Dächern sitzt es sich doch besser.
Ich bitt euch, greift zur Kelle, nicht zum Messer!

Ihr Kinder, daß sie euch mit Krieg verschonen
Müßt ihr um Einsicht eure Eltern bitten.
Sagt laut, ihr wollt nicht in Ruinen wohnen
Und nicht das leiden, was sie selber litten:
Ihr Kinder, daß sie euch mit Krieg verschonen!

Ihr Mütter, da es euch anheimgegeben
Den Krieg zu dulden oder nicht zu dulden
Ich bitt euch, lasset eure Kinder leben!
Daß sie euch die Geburt und nicht den Tod dann schulden:
Ihr Mütter, lasset eure Kinder leben!

ERICH KÄSTNER

Sachliche Romanze

Als sie einander acht Jahre kannten
(und man darf sagen: sie kannten sich gut),
kam ihre Liebe plötzlich abhanden.
Wie andern Leuten ein Stock oder Hut.

Sie waren traurig, betrugen sich heiter,
versuchten Küsse, als ob nichts sei,
und sahen sich an und wußten nicht weiter.
Da weinte sie schließlich. Und er stand dabei.

Vom Fenster aus konnte man Schiffen winken.
Er sagte, es wäre schon Viertel nach Vier
und Zeit, irgendwo Kaffee zu trinken.
Nebenan übte ein Mensch Klavier.

Sie gingen ins kleinste Café am Ort
und rührten in ihren Tassen.
Am Abend saßen sie immer noch dort.
Sie saßen allein, und sie sprachen kein Wort
und konnten es einfach nicht fassen.

Kennst Du das Land, wo die Kanonen blühn?

Kennst Du das Land, wo die Kanonen blühn?
Du kennst es nicht? Du wirst es kennenlernen!
Dort stehn die Prokuristen stolz und kühn
in den Bureaus, als wären es Kasernen.

Dort wachsen unterm Schlips Gefreitenknöpfe.
Und unsichtbare Helme trägt man dort.
Gesichter hat man dort, doch keine Köpfe.
Und wer zu Bett geht, pflanzt sich auch schon fort!

Wenn dort ein Vorgesetzter etwas will
– und es ist sein Beruf etwas zu wollen –
steht der Verstand erst stramm und zweitens still.
Die Augen rechts! Und mit dem Rückgrat rollen!

Die Kinder kommen dort mit kleinen Sporen
und mit gezognem Scheitel auf die Welt.
Dort wird man nicht als Zivilist geboren.
Dort wird befördert, wer die Schnauze hält.

Kennst Du das Land? Es könnte glücklich sein.
Es könnte glücklich sein und glücklich machen!
Dort gibt es Äcker, Kohle, Stahl und Stein
und Fleiß und Kraft und andre schöne Sachen.

Selbst Geist und Güte gibt's dort dann und wann!
Und wahres Heldentum. Doch nicht bei vielen.
Dort steckt ein Kind in jedem zweiten Mann.
Das will mit Bleisoldaten spielen.

Dort reift die Freiheit nicht. Dort bleibt sie grün.
Was man auch baut – es werden stets Kasernen.
Kennst Du das Land, wo die Kanonen blühn?
Du kennst es nicht? Du wirst es kennenlernen!

Die Zeit fährt Auto

Die Städte wachsen. Und die Kurse steigen.
Wenn jemand Geld hat, hat er auch Kredit.
Die Konten reden. Die Bilanzen schweigen.
Die Menschen sperren aus. Die Menschen streiken.
Der Globus dreht sich. Und wir drehn uns mit.

Die Zeit fährt Auto. Doch kein Mensch kann lenken.
Das Leben fliegt wie ein Gehöft vorbei.
Minister sprechen oft vom Steuersenken.
Wer weiß, ob sie im Ernste daran denken?
Der Globus dreht sich und geht nicht entzwei.

Die Käufer kaufen. Und die Händler werben.
Das Geld kursiert, als sei das seine Pflicht.
Fabriken wachsen. Und Fabriken sterben.
Was gestern war, geht heute schon in Scherben.
Der Globus dreht sich. Doch man sieht es nicht.

MARIE LUISE KASCHNITZ

Nicht gesagt

Nicht gesagt
Was von der Sonne zu sagen gewesen wäre
Und vom Blitz nicht das einzig Richtige
Geschweige denn von der Liebe.

Versuche. Gesuche. Mißlungen
Ungenaue Beschreibung

Weggelassen das Morgenrot
Nicht gesprochen vom Sämann
Und nur am Rande vermerkt
Den Hahnenfuß und das Veilchen.

Euch nicht den Rücken gestärkt
Mit ewiger Seligkeit
Den Verfall nicht geleugnet
Und nicht die Verzweiflung

Den Teufel nicht an die Wand
Weil ich nicht an ihn glaube
Gott nicht gelobt
Aber wer bin ich daß

PETER HUCHEL

Der Garten des Theophrast

Meinem Sohn

Wenn mittags das weiße Feuer
Der Verse über den Urnen tanzt,
Gedenke, mein Sohn, gedenke derer,
Die einst Gespräche wie Bäume gepflanzt.
Tot ist der Garten, mein Atem wird schwerer,
Bewahre die Stunde, hier ging Theophrast,
Mit Eichenlohe zu düngen den Boden,
Die wunde Rinde zu binden mit Bast.
Ein Ölbaum spaltet das mürbe Gemäuer
Und ist noch Stimme im heißen Staub.
Sie gaben Befehl, die Wurzel zu roden.
Es sinkt dein Licht, schutzloses Laub.

Exil

Am Abend nahen die Freunde,
die Schatten der Hügel.
Sie treten langsam über die Schwelle,
verdunkeln das Salz,
verdunkeln das Brot
und führen Gespräche mit meinem Schweigen.

Draußen im Ahorn
regt sich der Wind;
Meine Schwester, das Regenwasser,
in kalkiger Mulde,
gefangen
blickt sie den Wolken nach.

Geh mit dem Wind,
sagen die Schatten.
Der Sommer legt dir
die eiserne Sichel aufs Herz.
Geh fort, bevor im Ahornblatt
das Stigma des Herbstes brennt.

Sei getreu, sagt der Stein.
Die dämmernde Frühe
hebt an, wo Licht und Laub
ineinander wohnen
und das Gesicht
in einer Flamme vergeht.

Soldatenfriedhof

Die Luft ist brüchig.
Fünftausend Kreuze
In Reih und Glied,
Streng ausgerichtet
Auf Vordermann.

Nach dem Abendappell
Gehen sie in die Stadt.
Sie bevölkern Ruinen
Und schwarze Brücken,
Werfen Laub in die Grachten.

Sie besuchen den Dom
Und verdunkeln den Heiland.
Aber es glimmen die silber-
Beschlagenen Ecken des Meßbuchs.
Und das Stigma der Abendröte
Brennt auf den Dächern.

Als Fensterschatten
Lehnen sie an der Wand der Bar.
Sie hauchen Eis in die Gläser.
Sie blicken aus Gitarren
Den Frauen nach.

Kurz vor Mitternacht
Hallt gräberhin
Des Todes Clairon,
Das trostlose Trommeln
Die große Retraite,
Der Zapfenstreich.

In erster Helle
Stehen sie wieder
Starr im Geviert.
Fünftausend Kreuze.
Streng ausgerichtet
Auf Vordermann.

GÜNTER EICH

Nachhut

Steh auf, steh auf!
Wir werden nicht angenommen,
die Botschaft kam mit dem Schatten der Sterne.

Es ist Zeit, zu gehen wie die andern.
Sie stellten ihre Straßen und leeren Häuser
unter den Schutz des Mondes. Er hat wenig Macht.

Unsere Worte werden von der Stille aufgezeichnet.
Die Kanaldeckel heben sich um einen Spalt.
Die Wegweiser haben sich gedreht.

Wenn wir uns erinnerten an die Wegmarken der Liebe,
ablesbar auf Wasserspiegeln und im Wehen des Schnees!
Komm, ehe wir blind sind!

Inventur

Dies ist meine Mütze,
dies ist mein Mantel,
hier mein Rasierzeug
im Beutel aus Leinen.

Konservenbüchse:
Mein Teller, mein Becher,
ich hab in das Weißblech
den Namen geritzt.

Geritzt hier mit diesem
kostbaren Nagel,
den vor begehrlichen
Augen ich berge.

Im Brotbeutel sind
ein Paar wollene Socken
und einiges, was ich
niemand verrate,

so dient es als Kissen
nachts meinem Kopf.
Die Pappe hier liegt
zwischen mir und der Erde.

Die Bleistiftmine
lieb ich am meisten:
Tags schreibt sie mir Verse,
die nachts ich erdacht.

Dies ist mein Notizbuch,
dies meine Zeltbahn,
dies ist mein Handtuch,
dies ist mein Zwirn.

KARL KROLOW

Es war die Nacht

Es war die Nacht, in der sie nicht mehr lachten,
die Nacht, in der sie miteinander sprachen
wie vor dem Abschied und in der sie dachten,
daß sie sich heimlich aus dem Staube machten,
die Nacht, in der sie schweigend miteinander brachen.

Es war die Nacht, in der nichts übrig blieb
von Liebe und von allen Liebesstimmen
im Laub und in der Luft. Wie durch ein Sieb
fielen Gefühle: niemandem mehr lieb
und nur noch Schemen, die in Nacht verschwimmen.

Es war die Nacht, in der man sagt: gestehe,
was mit uns war. Ist es zu fassen?
Was bleibt uns künftig von der heißen Nähe
der Körper? Es wird kalt. Ich sehe,
wie über Nacht wir voneinander lassen.

Was war, was ist

Was war, was ist:
es bleibt die Frist,
die uns gesetzt.

Nicht eine Spur –
wir wissen nur,
was bis zuletzt

uns eigen war.
Doch Haut und Haar
erbleichen jetzt.

Es fällt noch Licht
auf ein Gesicht,
das Abschied netzt:

im Lichte feucht.
Die Hand: sie scheucht,
was uns verletzt,

was fassungslos
uns macht und bloß
noch uns entsetzt.

JOHANNES BOBROWSKI

Bericht

Bajla Gelblung,
entflohen in Warschau
einem Transport aus dem Ghetto,
das Mädchen
ist gegangen durch Wälder,
bewaffnet, die Partisanin
wurde ergriffen
in Brest-Litowsk,
trug einen Militärmantel (polnisch),
wurde verhört von deutschen
Offizieren, es gibt
ein Foto, die Offiziere sind junge
Leute, tadellos uniformiert,
mit tadellosen Gesichtern,
ihre Haltung
ist einwandfrei.

PAUL CELAN

Todesfuge

Schwarze Milch der Frühe wir trinken sie abends
wir trinken sie mittags und morgens wir trinken sie nachts
wir trinken und trinken
wir schaufeln ein Grab in den Lüften da liegt man nicht eng
Ein Mann wohnt im Haus der spielt mit den Schlangen der schreibt
der schreibt wenn es dunkelt nach Deutschland dein goldenes Haar Margarete
er schreibt es und tritt vor das Haus und es blitzen die Sterne er pfeift seine Rüden herbei
er pfeift seine Juden hervor läßt schaufeln ein Grab in der Erde
er befiehlt uns spielt auf nun zum Tanz

Schwarze Milch der Frühe wir trinken dich nachts
wir trinken dich morgens und mittags wir trinken dich abends
wir trinken und trinken
Ein Mann wohnt im Haus der spielt mit den Schlangen der schreibt
der schreibt wenn es dunkelt nach Deutschland dein goldenes Haar Margarete
Dein aschenes Haar Sulamith wir schaufeln ein Grab in den Lüften da liegt man nicht eng
Er ruft stecht tiefer ins Erdreich ihr einen ihr andern singet und spielt
er greift nach dem Eisen im Gurt er schwingts seine Augen sind blau
stecht tiefer die Spaten ihr einen ihr andern spielt weiter zum Tanz auf

Schwarze Milch der Frühe wir trinken dich nachts
wir trinken dich mittags und morgens wir trinken dich abends
wir trinken und trinken
ein Mann wohnt im Haus dein goldenes Haar Margarete
dein aschenes Haar Sulamith er spielt mit den Schlangen

Er ruft spielt süßer den Tod der Tod ist ein Meister aus Deutschland
er ruft streicht dunkler die Geigen dann steigt ihr als Rauch in die Luft
dann habt ihr ein Grab in den Wolken da liegt man nicht eng

Schwarze Milch der Frühe wir trinken dich nachts
wir trinken dich mittags der Tod ist ein Meister aus Deutschland
wir trinken dich abends und morgens wir trinken und trinken
der Tod ist ein Meister aus Deutschland sein Auge ist blau
er trifft dich mit bleierner Kugel er trifft dich genau
ein Mann wohnt im Haus dein goldenes Haar Margarete
er hetzt seine Rüden auf uns er schenkt uns ein Grab in der Luft
er spielt mit den Schlangen und träumet der Tod ist ein Meister aus Deutschland

dein goldenes Haar Margarete
dein aschenes Haar Sulamith

Assisi

Umbrische Nacht.
Umbrische Nacht mit dem Silber von Glocke und Ölblatt.
Umbrische Nacht mit dem Stein, den du hertrugst.
Umbrische Nacht mit dem Stein.

Stumm, was ins Leben stieg, stumm.
Füll die Krüge um.

Irdener Krug.
Irdener Krug, dran die Töpferhand festwuchs.
Irdener Krug, den die Hand eines Schattens für immer verschloß.
Irdener Krug mit dem Siegel des Schattens.

Stein, wo du hinsiehst, Stein.
Laß das Grautier ein.

Trottendes Tier.
Trottendes Tier im Schnee, den die nackteste Hand streut.
Trottendes Tier vor dem Wort, das ins Schloß fiel.
Trottendes Tier, das den Schlaf aus der Hand frißt.

Glanz, der nicht trösten will, Glanz.
Die Toten – sie betteln noch, Franz.

Auf Reisen

Es ist eine Stunde, die macht dir den Staub zum Gefolge,
dein Haus in Paris zur Opferstatt deiner Hände,
dein schwarzes Aug zum schwärzesten Auge.

Es ist ein Gehöft, da hält ein Gespann für dein Herz.
Dein Haar möchte wehn, wenn du fährst – das ist ihm verboten.

Die bleiben und winken, wissen es nicht.

ILSE AICHINGER

Gebirgsrand

Denn was täte ich,
wenn die Jäger nicht wären, meine Träume,
die am Morgen
auf der Rückseite der Gebirge
niedersteigen, im Schatten.

ERICH FRIED

Bevor ich sterbe

Noch einmal sprechen
von der Wärme des Lebens
damit doch einige wissen:
Es ist nicht warm
aber es könnte warm sein

Bevor ich sterbe
noch einmal sprechen
von Liebe
damit doch einige sagen:
Das gab es
das muß es geben

Noch einmal sprechen
vom Glück der Hoffnung auf Glück
damit doch einige fragen:
Was war das
wann kommt es wieder?

Macht der Dichtung

»Dein geniales Gedicht
wird nicht nur sehr nützlich sein
und die Seefahrt sicherer machen
als je bisher
weil es so unüberhörbar
vor Eisbergen warnt
auf scheinbar offener See
sondern es wird

dank der Schönheit deiner Beschreibung
der Eisberge und der Wogen
und des Zusammenstoßes
zwischen der wilden Natur und ihrem Besieger Mensch
auch dich unsterblich machen!«

Das etwa soll ein Mädchen
zu einem jungen Dichter
gesagt haben
den sie dabei
schwärmerisch ansah
im Schiffssalon
am Tag vor dem Ende der Fahrt
laut Bericht eines Zuhörers
dem die Worte dann nach dem Unglück
nicht aus dem Kopf gingen
auch nicht nach seiner Bergung
aus einem der überfüllten
Rettungsboote

ERNST JANDL

lichtung

manche meinen
lechts und rinks
kann man nicht
velwechsern.
werch ein illtum!

sommerlied

Wir sind die menschen auf den wiesen
bald sind wir menschen unter den wiesen
und werden wiesen, und werden wald
das wird ein heiterer landaufenthalt

14.6.1954

vater komm erzähl vom krieg

vater komm erzähl vom krieg
vater komm erzähl wiest eingrückt bist
vater komm erzähl wiest gschossen hast
vater komm erzähl wiest verwundt worden bist
vater komm erzähl wiest gfallen bist
vater komm erzähl vom krieg

INGEBORG BACHMANN

Die gestundete Zeit

Es kommen härtere Tage.
Die auf Widerruf gestundete Zeit
wird sichtbar am Horizont.
Bald mußt du den Schuh schnüren
und die Hunde zurückjagen in die Marschhöfe.
Denn die Eingeweide der Fische
sind kalt geworden im Wind.
Ärmlich brennt das Licht der Lupinen.
Dein Blick spurt im Nebel:
die auf Widerruf gestundete Zeit
wird sichtbar am Horizont.

Drüben versinkt dir die Geliebte im Sand,
er steigt um ihr wehendes Haar,
er fällt ihr ins Wort,
er befiehlt ihr zu schweigen,
er findet sie sterblich
und willig dem Abschied
nach jeder Umarmung.

Sieh dich nicht um.
Schnür deinen Schuh.
Jag die Hunde zurück.
Wirf die Fische ins Meer.
Lösch die Lupinen!

Es kommen härtere Tage.

Alle Tage

Der Krieg wird nicht mehr erklärt,
sondern fortgesetzt. Das Unerhörte
ist alltäglich geworden. Der Held
bleibt den Kämpfen fern. Der Schwache
ist in die Feuerzonen gerückt.
Die Uniform des Tages ist die Geduld,
die Auszeichnung der armselige Stern
der Hoffnung über dem Herzen.

Er wird verliehen,
wenn nichts mehr geschieht,
wenn das Trommelfeuer verstummt,
wenn der Feind unsichtbar geworden ist
und der Schatten ewiger Rüstung
den Himmel bedeckt.

Er wird verliehen
für die Flucht von den Fahnen,
für die Tapferkeit vor dem Freund,
für den Verrat unwürdiger Geheimnisse
und die Nichtachtung
jeglichen Befehls.

An die Sonne

Schöner als der beachtliche Mond und sein geadeltes Licht,
Schöner als die Sterne, die berühmten Orden der Nacht,
Viel schöner als der feurige Auftritt eines Kometen
Und zu weit Schönrem berufen als jedes andre Gestirn,
Weil dein und mein Leben jeden Tag an ihr hängt, ist die Sonne.

Schöne Sonne, die aufgeht, ihr Werk nicht vergessen hat
Und beendet, am schönsten im Sommer, wenn ein Tag
An den Küsten verdampft und ohne Kraft gespiegelt die Segel
Über dein Aug ziehn, bis du müde wirst und das letzte verkürzt.

Ohne die Sonne nimmt auch die Kunst wieder den Schleier,
Du erscheinst mir nicht mehr, und die See und der Sand,
Von Schatten gepeitscht, fliehen unter mein Lid.

Schönes Licht, das uns warm hält, bewahrt und wunderbar sorgt,
Daß ich wieder sehe und daß ich dich wiederseh!

Nichts Schönres unter der Sonne als unter der Sonne zu sein …

Nichts Schönres als den Stab im Wasser zu sehn und den Vogel oben,
Der seinen Flug überlegt, und unten die Fische im Schwarm,

Gefärbt, geformt, in die Welt gekommen mit einer Sendung von Licht,
Und den Umkreis zu sehn, das Geviert eines Felds, das Tausendeck meines Lands
Und das Kleid, das du angetan hast. Und dein Kleid, glockig und blau!

Schönes Blau, in dem die Pfauen spazieren und sich verneigen,
Blau der Fernen, der Zonen des Glücks mit den Wettern für mein Gefühl,
Blauer Zufall am Horizont! Und meine begeisterten Augen
Weiten sich wieder und blinken und brennen sich wund.

Schöne Sonne, der vom Staub noch die größte Bewundrung gebührt,
Drum werde ich nicht wegen dem Mond und den Sternen und nicht,

Weil die Nacht mit Kometen prahlt und in mir einen Narren sucht,
Sondern deinetwegen und bald endlos und wie um nichts sonst
Klage führen über den unabwendbaren Verlust meiner Augen.

ELISABETH BORCHERS

eia wasser regnet schlaf

I

eia wasser regnet schlaf
eia abend schwimmt ins gras
wer zum wasser geht wird schlaf
wer zum abend kommt wird gras
weißes wasser grüner schlaf
großer abend kleines gras
es kommt es kommt
ein fremder

II

was sollen wir mit dem ertrunkenen matrosen tun?
wir ziehen ihm die stiefel aus
wir ziehen ihm die weste aus
und legen ihn ins gras

  mein kind im fluß ists dunkel
  mein kind im fluß ists naß

was sollen wir mit dem ertrunkenen matrosen tun?
  wir ziehen ihm das wasser an
  wir ziehen ihm den abend an
  und tragen ihn zurück

    mein kind du mußt nicht weinen
    mein kind das ist nur schlaf
was sollen wir mit dem ertrunkenen matrosen tun?

wir singen ihm das wasserlied
wir sprechen ihm das grasgebet
dann will er gern zurück

III

es geht es geht
ein fremder
ins große gras den kleinen abend
im weißen schlaf das grüne naß
und geht zum gras und wird ein abend
und kommt zum schlaf und wird ein naß
eia schwimmt ins gras der abend
eia regnet's wasserschlaf.

GÜNTER GRASS

Ehe

Wir haben Kinder, das zählt bis zwei.
Meistens gehen wir in verschiedene Filme.
Vom Auseinanderleben sprechen die Freunde.
  Doch meine und Deine Interessen
  berühren sich immer noch
  an immer den gleichen Stellen.
  Nicht nur die Frage nach den Manschettenknöpfen.
  Auch Dienstleistungen:
  Halt mal den Spiegel.
  Glühbirnen auswechseln.
  Etwas abholen.
  Oder Gespräche, bis alles besprochen ist.
Zwei Sender, die manchmal gleichzeitig
auf Empfang gestellt sind.
Soll ich abschalten?
  Erschöpfung lügt Harmonie.
  Was sind wir uns schuldig? Das.
  Ich mag das nicht: Deine Haare im Klo.
Aber nach elf Jahren noch Spaß an der Sache.
Ein Fleisch sein bei schwankenden Preisen.
Wir denken sparsam in Kleingeld.
Im Dunkeln glaubst Du mir alles.
Aufribbeln und Neustricken.
Gedehnte Vorsicht.
Dankeschönsagen.
  Nimm Dich zusammen.
  Dein Rasen vor unserem Haus.
  Jetzt bist Du wieder ironisch.
  Lach doch darüber.
  Hau doch ab, wenn Du kannst.
  Unser Haß ist witterungsbeständig.

Doch manchmal, zerstreut, sind wir zärtlich.
Die Zeugnisse der Kinder
müssen unterschrieben werden.
  Wir setzen uns von der Steuer ab.
  Erst übermorgen ist Schluß.
  Du. Ja Du. Rauch nicht soviel.

Kinderlied

Wer lacht hier, hat gelacht?
Hier hat sich's ausgelacht.
Wer hier lacht, macht Verdacht,
daß er aus Gründen lacht.

Wer weint hier, hat geweint?
Hier wird nicht mehr geweint.
Wer hier weint, der auch meint,
daß er aus Gründen weint.

Wer spricht hier, spricht und schweigt?
Wer schweigt, wird angezeigt.
Wer hier spricht, hat verschwiegen,
wo seine Gründe liegen.

Wer spielt hier, spielt im Sand?
Wer spielt, muß an die Wand,
hat sich beim Spiel die Hand
gründlich verspielt, verbrannt.

Wer stirbt hier, ist gestorben?
Wer stirbt, ist abgeworben.
Wer hier stirbt, unverdorben,
ist ohne Grund verstorben.

HANS MAGNUS ENZENSBERGER

Stadtrundfahrt

Da drüben kauert der Schuhputzer,
der keine Schuhe mehr braucht;
denn seine Beine sind verfault
im Fernen Osten vor langer Zeit.

Das ist der Rauch von den Werften.

Dieses Café war früher ganz schwarz
von Hausierern und armen Dichtern.
Spitzel wie Mücken saßen dort
und tranken aus kleinen Tassen Blut.

Hier gibt es weiche Mädchen
gegen harte Devisen.
Das Pflaster ist aufgerissen.
Dort standen damals die Panzer.

Da ist im Sommer immer
der Kaiser spazierengefahren –
Stadtwäldchenallee, heute Gorkij fasor.
Das ist das Zentralkomitee.

Das ist der Rauch von den Schlachthöfen.

Hier ist mein Freund Sandór geboren
vor dem Zweiten Weltkrieg,
in der Beletage,
wo es Tag und Nacht dunkel war.

Siehst du den Rauch?

Diese Brücke war ganz zerstört.
Hier trinken die reichen Dichter Tee
und schimpfen leise,
und dort wird das neue Hilton gebaut.

Auf dieser wackligen Parkbank
sitzt manchmal ein alter Mann,
der manchmal die Wahrheit sagt.
Heute ist er nicht da.

Aber der Rauch. Siehst du den Rauch,

den alten Rauch über Budapest?

Utopia

Der Tag steigt auf mit großer Kraft
schlägt durch die Wolken seine Klauen.
Der Milchmann trommelt auf seinen Kannen
Sonaten: himmelan steigen die Bräutigame
auf Rolltreppen: wild mit großer Kraft
werden schwarze und weiße Hüte geschwenkt.
Die Bienen streiken. Durch die Wolken
radschlagen die Prokuristen,
aus den Dachluken zwitschern Päpste.
Ergriffenheit herrscht und Spott
und Jubel. Segelschiffe
werden aus Bilanzen gefaltet.
Der Kanzler schussert mit einem Strolch
um den Geheimfonds. Die Liebe
wird polizeilich gestattet,
ausgerufen wird eine Amnestie
für die Sager der Wahrheit.
Die Bäcker schenken Semmeln

den Musikanten. Die Schmiede
beschlagen mit Eisernen Kreuzen
die Esel. Wie eine Meuterei
bricht das Glück, wie ein Löwe aus.
Die Wucherer, mit Apfelblüten
und mit Radieschen beworfen,
versteinern. Zu Kies geschlagen
zieren sie Wasserspiele und Gärten.
Überall steigen Ballone auf,
die Lustflotte steht unter Dampf:
Steigt ein, ihr Milchmänner,
Bräutigame und Strolche!
Macht los! mit großer Kraft
steigt auf
        der Tag.

Ins Lesebuch für die Oberstufe

Lies keine Oden, mein Sohn, lies die Fahrpläne:
sie sind genauer. Roll die Seekarten auf,
eh es zu spät ist. Sei wachsam, sing nicht.
Der Tag kommt, wo sie wieder Listen ans Tor
schlagen und malen den Neinsagern auf die Brust
Zinken. Lern unerkannt gehen, lern mehr als ich:
das Viertel wechseln, den Paß, das Gesicht.
Versteh dich auf den kleinen Verrat,
die tägliche schmutzige Rettung. Nützlich
sind die Enzykliken zum Feueranzünden,
die Manifeste: Butter einzuwickeln und Salz
für die Wehrlosen. Wut und Geduld sind nötig,
in die Lungen der Macht zu blasen
den feinen tödlichen Staub, gemahlen
von denen, dic viel gelernt haben,
die genau sind, von dir.

GÜNTER KUNERT

Frist

Und Sonne war und fiel heiß auf sie nieder
und fiel auf mich der ich doch bei ihr war.
Die Wellen gingen fort und kamen immer wieder
zurück voll Neugier zu dem nackten Paar.

Ein wenig Fleisch auf soviel Sandgehäufe
ein wenig Frist in ziemlich viel Unendlichkeit
ein wenig Leben und zwei Lebensläufe
darüber Sonne und darunter Dunkelheit.

PETER RÜHMKORF

Bleib erschütterbar und widersteh

Also heut: zum Ersten, Zweiten Letzten:
allen Durchgedrehten, Umgehetzten,
was ich, kaum erhoben, wanken seh,
gestern an- und morgen abgeschaltet:
Eh dein Kopf zum Totenkopf erkaltet:
Bleib erschütterbar – doch widersteh.

Die uns Erde, Wasser, Luft versauen
(Fortschritt marsch! mit Gas und Gottvertrauen)
Ehe sie dich einvernehmen, eh
du im Strudel bist und schon im Solde,
wartend, daß die Kotze sich vergolde:
Bleib erschütterbar – und widersteh.

Schön, wie sich die Sterblichen berühren –
Knüppel zielen schon auf Herz und Nieren,
daß der Liebe gleich der Mut vergeh ...
Wer geduckt steht, will auch andre biegen
(Sorgen brauchst du dir nicht selber zuzufügen;
alles was gefürchtet wird, wird wahr –)
Bleib erschütterbar
Bleib erschütterbar – und widersteh.

Widersteht! im Siegen Ungeübte;
zwischen Scylla hier und dort Charybde
schwankt der Wechselkurs der Odyssee ...
Finsternis kommt reichlich nachgeflossen;
aber du mit – such sie dir! – Genossen!
teilst das Dunkel, und es teilt sich die Gefahr
Leicht und jäh – –

Bleib erschütterbar –
Bleib erschütterbar – doch widersteh.

SARAH KIRSCH

Die Luft riecht schon nach Schnee

Die Luft riecht schon nach Schnee, mein Geliebter
Trägt langes Haar, ach der Winter, der Winter der uns
Eng zusammenwirft steht vor der Tür, kommt
Mit dem Windhundgespann. Eisblumen
Streut er ans Fenster, die Kohlen glühen im Herd, und
Du Schönster Schneeweißer legst mir deinen Kopf in den Schoß
Ich sage das ist
Der Schlitten der nicht mehr hält, Schnee fällt uns
Mitten ins Herz, er glüht
Auf den Aschekübeln im Hof Darling flüstert die Amsel

Bei den Stiefmütterchen

Bei den weißen Stiefmütterchen
im Park wie ers mir auftrug
stehe ich unter der Weide
ungekämmte Alte blattlos
siehst du sagt sie er kommt nicht

Ach sage ich er hat sich den Fuß gebrochen
eine Gräte verschluckt, eine Straße
wurde plötzlich verlegt oder
er kann seiner Frau nicht entkommen
viele Dinge hindern uns Menschen

Die Weide wiegt sich und knarrt
kann auch sein er ist schon tot
sah blaß aus als er dich untern Mantel küßte
kann sein Weide kann sein
so wollen wir hoffen er liebt mich nicht mehr

Nachricht aus Lesbos

Ich weiche ab und kann mich den Gesetzen
Die hierorts walten länger nicht ergeben:
Durch einen Zufall oder starren Regen
Trat Wandlung ein in meinen grauen Zellen
Ich kann nicht wie die Schwestern wollen leben.

Nicht liebe ich das Nichts das bei uns herrscht
Ich sah den Ast gehalten mich zu halten
An anderes Geschlecht ich lieb hinfort
Die runden Wangen nicht wie ehegestern
Nachts ruht ein Bärtiger auf meinem Bett.

Und wenn die Schwestern erst entdecken werden
Daß ich leibhaft bin der Taten meines Nachbilds
Täterin und ich nicht meine Schranke
Muß Feuer mich verzehren und verberg ichs
Verrät mich bald die Plumpheit meines Leibs.

WOLF BIERMANN

Ballade vom preußischen Ikarus

1.

Da, wo die Friedrichstraße sacht
Den Schritt über das Wasser macht
    da hängt über der Spree
Die Weidendammerbrücke. Schön
Kannst du da Preußens Adler sehn
    wenn ich am Geländer steh

    dann steht da der preußische Ikarus
    mit grauen Flügeln aus Eisenguß
        dem tun seine Arme so weh
    er fliegt nicht weg – er stürzt nicht ab
    macht keinen Wind – und macht nicht schlapp
        am Geländer über der Spree

2.

Der Stacheldraht wächst langsam ein
Tief in die Haut, in Brust und Bein
    ins Hirn, in graue Zelln
Umgürtet mit dem Drahtverband
Ist unser Land ein Inselland
    umbrandet von bleiernen Welln

    da steht der preußische Ikarus
    mit grauen Flügeln aus Eisenguß
        dem tun seine Arme so weh
    er fliegt nicht weg – und stürzt nicht ab

macht keinen Wind – und macht nicht schlapp
am Geländer über der Spree

3.

Und wenn du wegwillst, mußt du gehn
Ich habe schon viele abhaun sehn
aus unserm halben Land
Ich halt mich fest hier, bis mich kalt
Dieser verhaßte Vogel krallt
und zerrt mich übern Rand

dann bin ich der preußische Ikarus
mit grauen Flügeln aus Eisenguß
dann tun mir die Arme so weh
dann flieg ich hoch – dann stürz ich ab
mach bißchen Wind – dann mach ich schlapp
am Geländer über der Spree

Ermutigung

Peter Huchel gewidmet

Du, laß dich nicht verhärten
In dieser harten Zeit
Die all zu hart sind, brechen,
Die all zu spitz sind, stechen
und brechen ab sogleich

Du, laß dich nicht verbittern
In dieser bittren Zeit
Die Herrschenden erzittern
– sitzt du erst hinter Gittern –
Doch nicht vor deinem Leid

Du, laß dich nicht erschrecken
In dieser Schreckenszeit
Das wolln sie doch bezwecken
Daß wir die Waffen strecken
Schon vor dem großen Streit

Du, laß dich nicht verbrauchen
Gebrauche deine Zeit
Du kannst nicht untertauchen
Du brauchst uns, und wir brauchen
Grad deine Heiterkeit

Wir wolln es nicht verschweigen
In dieser Schweigezeit
Das Grün bricht aus den Zweigen
Wir wolln das allen zeigen
Dann wissen sie Bescheid

ROBERT GERNHARDT

Doppelte Begegnung am Strand von Sperlonga

Die Sonne stand schon tief.
Der Strand war weit und leer.
Schräg ging mein Schatten vor mir her,
indes der deine lief.

Du warst mir unbekannt.
Ihr nähertet euch schnell.
Dein Schatten dunkel und du hell,
so kamt ihr übern Sand.

Sehr schön und ziemlich nackt
liefst du an mir vorbei.
Da warn die Schatten nicht mehr zwei,
sie deckten sich exakt.

Wir sahn euch lange nach.
Ihr drehtet euch nicht um.
Ihr lieft, du und dein Schatten, stumm,
von uns sprach einer: Ach.

Schön und gut und klar und wahr

Da sind diese vier weißen Tauben,
die sich in das Blau des Himmels schrauben.

Sie leuchten sehr auf beim Steigen,
um sich kurz drauf dunkel zu zeigen.

Das machen sie immer gemeinsam,
nie flog auch nur eine je einsam.

Warum die das tun? Keine Ahnung.
Möglicherweise als Mahnung:

Es ist schön, sich im Aufwind zu wiegen
Es ist gut, nicht alleine zu fliegen
Es ist klar, daß Steigen schon viel ist
Es ist wahr, daß der Weg das Ziel ist.

Ach

Ach, noch in der letzten Stunde
werde ich verbindlich sein.
Klopft der Tod an meine Türe,
rufe ich geschwind: Herein!

Woran soll es gehn? Ans Sterben?
Hab' ich zwar noch nie gemacht,
doch wir werd'n das Kind schon schaukeln –
na, das wäre ja gelacht!

Interessant so eine Sanduhr!
Ja, die halt ich gern mal fest.
Ach – und das ist Ihre Sense?
Und die gibt mir dann den Rest?

Wohin soll ich mich jetzt wenden?
Links? Von Ihnen aus gesehn?
Ach, von mir aus! Bis zur Grube?
Und wie soll es weitergehn?

Ja, die Uhr ist abgelaufen.
Wollen Sie die jetzt zurück?
Gibt's die irgendwo zu kaufen?
Ein so ausgefall'nes Stück

Findet man nicht alle Tage,
womit ich nur sagen will
– ach! Ich soll hier nichts mehr sagen?
Geht in Ordnung! Bin schon

THOMAS BRASCH

Lied

Was ich habe, will ich nicht verlieren, aber
wo ich bin will ich nicht bleiben, aber
die ich liebe, will ich nicht verlassen, aber
die ich kenne will ich nicht mehr sehen, aber
wo ich lebe, da will ich nicht sterben, aber
wo ich sterbe, da will ich nicht hin:
Bleiben will ich, wo ich nie gewesen bin.

ULLA HAHN

Winterlied

Als ich heute von dir ging
fiel der erste Schnee
und es machte sich mein Kopf
einen Reim auf Weh.

Denn es war die Kältc nicht
die die Tränen mir
in die Augen trieb es war
vielmehr Ungereimtes.

Ach da warst du schon zu weit
als ich nach dir rief
und dich fragte wer die Nacht
in deinen Reimen schlief.

Anständiges Sonett

Schreib doch mal
ein anständiges Sonett
St. H.

Komm beiß dich fest ich halte nichts
vom Nippen. Dreimal am Anfang küß
mich wo's gut tut. Miß
mich von Mund zu Mund. Mal angesichts

der Augen mir Ringe um
und laß mich springen unter
der Hand in deine. Zeig mir wie's drunter
geht und drüber. Ich schreie ich bin stumm.

Bleib bei mir. Warte. Ich komm wieder
zu mir zu dir dann auch
»ganz wie ein Kehrreim schöner alter Lieder«.

Verreib die Sonnenkringel auf dem Bauch
mir ein und allemal. Die Lider
halt mir offen. Die Lippen auch.

Für einen Flieger

Wenn du in Bausch und Bogen vorwärtsschreitend
das Erdreich mit den Füßen trittst bis weich
du abhebst in die höheren Regionen
und dir die Erde leicht wird oder seicht

erscheint beim Anblick dieser Millionen Toten
der Sisyphos der Tantalos die schwer
einander in den offenen Armen hängen
glaubst du von fern: sie liebten sich so sehr.

Als Lied erreicht ihr Stöhnen deine Ohren
Kains Hand scheint dir führt Abel hin zum Tanz
ein Abendlicht quillt allen aus den Poren

vergoldet dir die Sicht die Wiederkehr
zur Erde die du fast wie mich verloren
flieg höher nicht: du findest uns nicht mehr.

DURS GRÜNBEIN

Wußten wir?

Wußten wir, was den Reigen in Gang hält?
  Daß Lieben einsamer macht,
Schien erwiesen. Jeder behielt ihn für sich,
  Seinen Dorn, bis zur Unzeit
Das Blut die Verbände durchschlug. Selten
  Blieb jemand unverletzt. Eher kroch
Ein Schmerz beim anderen unter. Verlassen
  Zu sein war das größte Übel,
Nichts zu fühlen im Frühling, wie amputiert
  Vor defekten Riesenrädern ...
Wie uns der Wind in die Baumkronen hob,
  Aus denen wir fallen sollten,
Glücklich, mit einem langen Himmelsschrei.

In der Provinz 5

(Bei Aquincum)

Wie vom Reisewagen gestreift eines fliehenden Siedlers
Lag auf der Römerstraße die tote Amsel, zerfetzt.

Einer, der immer dabei war, den nie was anging, der Wind
Hatte aus Flügelfedern ein schwarzes Segel gesetzt.

Daran erkanntest du sie, von fern, die beiseitegefegte,
Beim Einfall der Horde an die Erde geschmiegte Schwester.

Ob Daker und Hunnen, Mongolenpferde und Motorräder –
Schimpfend hatte sie abgelenkt von der Nähe der Nester.

Mehr war nicht drin. Sieht aus, als sei sie gleich hin gewesen.
Der miserablen Sängerin blieb nur sich querzulegen.

Damals im Staub grober Quader, heute auf nassem Asphalt.
Immer war Völkerwanderung, meistens Gefahr auf den Wegen.

QUELLENVERZEICHNIS

Ilse Aichinger 1921 in Wien geboren, 2016 in Wien gestorben.
Gebirgsrand, S. 77. Aus: Ilse Aichinger, Verschenkter Rat. © S. Fischer Verlag GmbH, Frankfurt am Main 1978.

Ingeborg Bachmann 1926 in Klagenfurt geboren, 1973 in Rom gestorben.
Die gestundete Zeit, S. 81. Alle Tage, S. 82. An die Sonne, S. 82. Aus: Ingeborg Bachmann, Werke. Band I. © 1978 Piper Verlag GmbH.

Johannes R. Becher 1891 in München geboren, 1958 in Düsseldorf gestorben.
Auferstanden aus Ruinen, S. 45. Aus: Johannes R. Becher, Gesammelte Werke. 18 Bände (Hrsg. vom Johannes-R.-Becher-Archiv der Deutschen Akademie der Künste zu Berlin); Band 6: Gedichte 1949-1958. Aufbau-Verlag, Berlin und Weimar 1973. © Aufbau Verlag GmbH & Co. KG, Berlin 1973, 2008.

Gottfried Benn 1886 in Mansfeld/Westprignitz geboren, 1956 in Berlin gestorben.
Mann und Frau gehen durch die Krebsbaracke, S. 30. Letzter Frühling, S. 31. Kommt –, S. 31. Einsamer nie –, S. 32. Nur zwei Dinge, S. 32. Aus: Gottfried Benn, Statische Gedichte. © 1948, 2006 by Arche Literatur Verlag AG, Zürich-Hamburg.

Wolf Biermann 1936 in Hamburg geboren, lebt dort.
Ballade vom preußischen Ikarus, S. 97. Ermutigung, S. 98. Aus: Wolf Biermann, Alle Lieder. © 1991 Verlag Kiepenheuer & Witsch Köln.

Johannes Bobrowski 1917 in Tilsit geboren, 1965 in Berlin gestorben.
Bericht, S. 73. Aus: Johannes Bobrowksi, Schattenland Ströme. In: Gesammelte Werke. Band I: Die Gedichte. © 1998, Deutsche Verlags-Anstalt, München, in der Verlagsgruppe Random House GmbH.

Elisabeth Borchers 1926 in Homburg geboren, 2013 in Frankfurt am Main gestorben.
eia wasser regnet schlaf, S. 85. Aus: Elisabeth Borchers, Gedichte. Ausgewählt von Jürgen Becker. © Suhrkamp Verlag Frankfurt am Main 1976.

Thomas Brasch 1945 in Westow/Yorkshire geboren, 2001 in Berlin gestorben.
Lied, S. 103. Aus: Thomas Brasch, Kargo. 32. Versuch auf einem untergehenden Schiff aus der eigenen Haut zu kommen. © Suhrkamp Verlag Frankfurt am Main 1977.

Bertolt Brecht 1898 in Augsburg geboren, 1956 in Berlin gestorben.
Kinderhymne, S. 50. Erinnerungen an die Marie A., S. 50. Das Lied von der Moldau, S. 51. Gegen Verführung, S. 52. Die Liebenden, S. 53. Entdeckung an einer jungen Frau, S. 54. Vom armen B. B., S. 54. Fragen eines lesenden Arbeiters, S. 57. Als ich nachher von dir ging, S. 58. Apfelböck oder die Lilie auf dem Felde, S. 58. An meine Landsleute, S. 61. Aus: Die Gedichte von Bertolt Brecht in einem Band. © Suhrkamp Verlag Frankfurt am Main 1981.

Paul Celan 1920 in Czernowitz geboren, 1970 in Paris gestorben.
Todesfuge, S. 74. Aus: Paul Celan, Gedichte. Zwei Bände. Herausgegeben von Beda Allemann. © Suhrkamp Verlag Frankfurt am Main 1976. Assisi, S. 75. Aus: Paul Celan, Von Schwelle zu Schwelle. © 1955, Deutsche Verlags-Anstalt, München, in der Verlagsgruppe Random House GmbH. Auf Reisen, S. 76. Aus: Paul Celan, Mohn und Gedächtnis. © 1952, Deutsche Verlags-Anstalt, München, in der Verlagsgruppe Random House GmbH.

Günter Eich 1907 in Lebus/Oder geboren, 1972 in Salzburg gestorben.
Nachhut, S. 69. aus: Günter Eich, Gedichte. Herausgegeben von Ilse Aichinger. © Suhrkamp Verlag Frankfurt am Main 1973. Inventur, S. 69. Aus: Günter Eich, Ein Lesebuch. Ausgewählt von Günter Eich. Nachwort von Susann Müller-Hampft. © Suhrkamp Verlag Frankfurt am Main 1981.

Hans Magnus Enzensberger 1929 in Kaufbeuren/Allgäu geboren, lebt in München.
Stadtrundfahrt, S. 89. Aus: Hans Magnus Enzensberger, Gedichte 1950-1985. © Suhrkamp Verlag Frankfurt am Main 1985. Utopia, S. 90. Ins Lesebuch für die Oberstufe, S. 91. Aus: Hans Magnus Enzensberger, verteidigung der wölfe. Gedichte. © Suhrkamp Verlag Frankfurt am Main 1957.

Erich Fried 1921 in Wien geboren, 1988 in Baden-Baden gestorben.
Bevor ich sterbe, S. 78. Aus: Erich Fried, Lebensschatten. Gedichte. © Verlag Klaus Wagenbach, Berlin 1981. Macht der Dichtung, S. 78. Aus: Erich Fried, Es ist was es ist. Liebesgedichte. Angstgedichte. Zorngedichte. © Verlag Klaus Wagenbach, Berlin 1983.

Stefan George 1868 in Büdesheim geboren, 1933 in Minusio bei Locarno gestorben.
Der herr der insel, S. 16. Aus: Stefan George, Sämtliche Werke in 18 Bänden. Herausgegeben von der Stefan George-Stiftung Stuttgart. Band 3: Die Bücher der Hirten- und Preisgedichte, der Sagen und Sänge der Hängenden Gärten. Bearbeitet von Ute Oelmann. Klett-Cotta, Stuttgart 1991. an baches ranft, S. 16. Aus: Stefan George, Sämtliche Werke in 18 Bänden. Herausgegeben von der Stefan George-Stiftung, Stuttgart. Band 6/7: Der Siebente Ring. Bearbeitet von Ute Oelmann. Klett-Cotta, Stuttgart 1986. Komm in den totgesagten park und schau, S. 17. Wir schreiten auf und ab, S. 17. Entführung, S. 18. Aus: Stefan George, Sämtliche Werke in 18 Bänden. Herausgegeben von der Stefan George-Stiftung, Stuttgart. Band 4: Das jahr der Seele. Bearbeitet von Georg P. Landmann. Klett-Cotta, Stuttgart 1982.

Robert Gernhardt 1937 in Reval/Estland geboren, 2006 in Frankfurt am Main gestorben.
Doppelte Begegnung am Strand von Sperlonga, S. 100. Schön und gut und klar und wahr, S. 100. Ach, S. 101. Aus: ders., Gesammelte Gedichte 1954-2006. © S. Fischer Verlag GmbH, Frankfurt am Main 2008.

Yvan Goll 1891 in Saint-Dié/Frankreich geboren, 1950 in Paris gestorben.
Orpheus, S. 47. Aus: Yvan Goll. Die Lyrik. Hg. von Barbara Glauert-Hesse. Argon Verlag, Berlin 1996. © Wallstein Verlag, Göttingen.

Günter Grass 1927 geboren in Danzig, 2015 in Lübeck gestorben.
Ehe, S. 87. Kinderlied, S. 88. Aus: Günter Grass, Gedichte und Kurzprosa. Werkausgabe, Band I. Herausgegeben von Volker Neuhaus. © Steidl Verlag, Göttingen 1997.

Durs Grünbein 1962 geboren in Dresden, lebt in Berlin.
Wußten wir, S. 106. Aus: Durs Grünbein, Falten und Fallen. Gedichte. © Suhrkamp Verlag Frankfurt am Main 1994. In der Provinz 5, S. 106. Aus: Durs Grünbein, Nach den Satiren. © Suhrkamp Verlag Frankfurt am Main 1999.

Ulla Hahn 1946 im Sauerland geboren.
Winterlied, S. 104. Anständiges Sonett, S. 104. Für einen Flieger, S. 105. Aus: Ulla Hahn, Herz über Kopf. Gedichte. © 2013, Deutsche Verlags-Anstalt, München, in der Verlagsgruppe Random House GmbH.

Hermann Hesse 1887 in Calw/Württemberg geboren, 1962 in Montagnola/ Schweiz gestorben.
Im Nebel, S. 28. Aus: Hermann Hesse, Die Gedichte. Herausgegeben und mit einem Nachwort versehen von Volker Michels. © Suhrkamp Verlag Frankfurt am Main 1992.

Georg Heym 1887 in Hirschberg/Schlesien geboren, 1912 in Berlin gestorben.
Letzte Wache, S. 33. Aus: Georg Heym, Gedichte. Herausgegeben von Stephan Hermlin. Suhrkamp Verlag Frankfurt am Main 1966. Robespierre, S. 33. Aus: Georg Heym, Dichtungen. Auswahl und Nachwort von Walter Schmähling. Verlag Philipp Reclam, Stuttgart 1996.

Jakob van Hoddis 1887 in Berlin geboren, 1942 bei Koblenz gestorben.
Weltende, S. 35. Aus: Jakob von Hoddis, Dichtungen und Briefe. Herausgegeben von Regina Nörtemann. Arche Verlag AG, Raab + Vitali, Zürich 1987.

Ricarda Huch 1864 in Braunschweig geboren, 1947 in Schönberg gestorben.
Wo hast du all die Schönheit hergenommen, S. 15. Aus: Das Buch der Liebe. Gedichte und Lieder. Ausgewählt von Elisabeth Borchers. © Insel Verlag Frankfurt am Main 1974.

Peter Huchel 1903 in Berlin-Lichterfelde geboren, 1981 in Staufen gestorben.
Der Garten des Theophrast, S. 66. Soldatenfriedhof, S. 67. Aus: Gesammelte Werke in zwei Bänden. Herausgegeben von Axel Vieregg, Band I: Die Gedichte. © Suhrkamp Verlag Frankfurt am Main 1984. Exil, S. 66. Aus: Peter Huchel, Ausgewählte Gedichte. Auswahl und Nachwort von Peter Wapnewski. © Suhrkamp Verlag Frankfurt am Main 1973.

Ernst Jandl 1925 in Wien geboren, 2000 in Wien gestorben.
lichtung, S. 80. sommerlied, S. 80. vater komm erzähl vom krieg, S. 80. Aus: Ernst Jandl, Werke in sechs Bänden (Neuausgabe), herausgegeben von Klaus Siblewski © 2016 Luchterhand Literaturverlag, München, in der Verlagsgruppe Random House GmbH.

Marie Luise Kaschnitz 1901 in Karlsruhe geboren, 1974 in Rom gestorben.
Nicht gesagt, S. 65. Aus: Marie Luise Kaschnitz, Gesammelte Werke, herausgegeben von Christian Büttrich und Norbert Miller, Band 5: Die Gedichte. Insel Verlag Frankfurt am Main 1985. © Dr. Dieter Schnebel.

Erich Kästner 1899 in Dresden geboren, 1974 in München gestorben. Sachliche Romanze, S. 62. Aus: Erich Kästner, Lärm im Spiegel. © Atrium Verlag AG, Zürich. Kennst Du das Land, wo die Kanonen blühn? S. 62. Die Zeit fährt Auto, S. 64. Aus: Erich Kästner, Herz auf Taille. © Atrium Verlag AG, Zürich 1928 und Thomas Kästner.

Sarah Kirsch 1935 in Limlingerode/Harz geboren, 2013 in Heide gestorben. Die Luft riecht schon nach Schnee, S. 95, Bei den Stiefmütterchen, S. 95, Nachricht aus Lesbos, S. 96. Aus: Sarah Kirsch, Sämtliche Gedichte © 2005, Deutsche Verlags-Anstalt, München, in der Verlagsgruppe Random House GmbH.

Klabund 1890 in Crossen an der Oder geboren, 1928 in Davos gestorben. Liebeslied, S. 41. Aus: Klabund, Die Harfenjule. Gedichte, Lieder und Chansons. Rowohlt Verlag, Reinbek 1978.

Theodor Kramer 1897 in Niederhollabrunn geboren, 1958 in Wien gestorben. Wer läutet draußen an der Tür?, S. 48. Zur halben Nacht, S. 49. Aus: Theodor Kramer, Gesammelte Gedichte. Band I. © Paul Zsolnay Verlag Wien 1997.

Karl Kraus 1874 in Jitschin/Böhmen geboren, 1936 in Wien gestorben. Man frage nicht, was all die Zeit ich machte, S. 23. Traum vom Fliegen, S. 23. Aus: Karl Kraus, Schriften. Band 9. Gedichte. Herausgegeben von Christian Wagenknecht. Suhrkamp Verlag Frankfurt am Main 1989.

Karl Krolow 1915 in Hamburg geboren, 1999 in Darmstadt gestorben. Es war die Nacht, S. 71. Aus: Karl Krolow, Ich höre mich sagen. Gedichte. © Suhrkamp Verlag Frankfurt am Main 1992. Was war, was ist, S. 71. Aus: Karl Krolow, Als es soweit war. Gedichte. © Suhrkamp Verlag Frankfurt am Main 1988.

Günter Kunert 1929 in Berlin geboren, lebt in Kaisborstel. Frist, S. 92. Aus: Günter Kunert, Verkündigung des Wetters. © 1966 Carl Hanser Verlag München.

Else Lasker-Schüler 1869 in Elberfeld geboren, 1945 in Jerusalem gestorben. Ein Liebeslied, S. 19. Mein blaues Klavier, S. 19. Aus: Else Lasker-Schüler, Werke und Briefe. Band I: Gedichte. Text. Herausgegeben von Norbert Oellers und Karl Jürgen Skrodzki. © Jüdischer Verlag im Suhrkamp Verlag Frankfurt am Main 1996.

Alfred Lichtenstein 1889 in Berlin geboren, 1914 in Vermandovillers bei Reims gestorben.
Gebet vor der Schlacht, S. 40. Aus: Alfred Lichtenstein, Dichtungen. Herausgegeben von Klaus Kanzog und Hartmut Vollmer. Arche Verlag, Zürich 1989.

Christian Morgenstern 1871 in München geboren, 1914 in Meran gestorben.
Ein Lächeln irrt verflogen, S. 21. Aus: Christian Morgenstern, Gesammelte Werke in einem Band. Herausgegeben von Margarete Morgenstern. R. Piper & Co. Verlag, München 1985. Das ästhetische Wiesel, S. 21. Das Huhn, S. 22. Aus: Christian Morgenstern, Alle Galgenlieder. Mit Vignetten Morgensterns. Insel Verlag Frankfurt am Main 1972.

Rainer Maria Rilke 1875 in Prag geboren, 1926 in Val Mont gestorben.
Abschied, S. 24. Der Panther, S. 24. Herbsttag, S. 25. Römische Fontäne, S. 25. Das Karussell, S. 26. Aus: Rainer Maria Rilke, Die Gedichte. Nach der von Ernst Zinn besorgten Edition der Sämtlichen Werke. Insel Verlag Frankfurt am Main 1986.

Joachim Ringelnatz 1883 in Wurzen geboren, 1934 in Berlin gestorben.
Logik, S. 29. Die Schnupftabaksdose, S. 29. Aus: Joachim Ringelnatz, Das Gesamtwerk in sieben Bänden. Diogenes Verlag AG Zürich 1994.

Peter Rühmkorf 1929 in Dortmund geboren, 2008 in Roseburg gestorben.
Bleib erschütterbar und widersteh, S. 93. Aus: Peter Rühmkorf, Gedichte – Werke 1. Herausgegeben von Bernd Rauschenbach. Copyright © 2000 Rowohlt Verlag GmbH, Reinbek bei Hamburg.

Kurt Schwitters 1887 in Hannover geboren, 1948 in Ambleside/Westmoreland gestorben.
Der Zigarette Ende, S. 36. Aus: Kurt Schwitters, Das literarische Werk. Gesamtausgabe. 5 Bände. Herausgegeben von Friedhelm Lach. Band I: Lyrik. © 1973 DuMont Buchverlag Köln und Kurt und Ernst Schwitters Stiftung, Hannover.

Georg Trakl 1887 in Salzburg geboren, 1914 in Krakau gestorben.
Grodek, S. 37. Der Herbst des Einsamen, S. 37. In den Nachmittag geflüstert, S. 39. Aus: Georg Trakl, Die Dichtungen. Insel Verlag Frankfurt am Main 1989. Die Kirche, S. 38. Aus: Georg Trakl, Das dichterische Werk. Deutscher Taschenbuch Verlag, München 1972.

Kurt Tucholsky 1890 in Berlin geboren, 1935 in Hindas bei Göteborg gestorben.
An das Baby, S. 42. Park Monceau, S. 43. Aus: Kurt Tucholsky, Gesammelte Werke. Rowohlt Verlag GmbH, Reinbek 1960.

Franz Werfel 1890 in Prag geboren, 1945 in Beverly Hills/Kalifornien gestorben.
Das Bleibende, S. 44. Aus: Franz Werfel, Das Lyrische Werk. S. Fischer Verlag GmbH, Frankfurt am Main 1967.

ALPHABETISCHES VERZEICHNIS DER GEDICHTÜBERSCHRIFTEN UND -ANFÄNGE

Der Gedichtkanon vom größten deutschen Literaturkritiker

»Gedichte können die Zeit besser überstehen als die prächtigsten Tempel und Paläste«, sagt Marcel Reich-Ranicki. Dieser Band versammelt die für den Literaturkritiker wichtigsten und schönsten Gedichte vom 12. bis zum 21. Jahrhundert: Gedichte von Liebe und Vergänglichkeit, die heute noch leuchten wie am ersten Tag.

Vom mittelalterlichen *Du bist mîn* bis zu Goethes *Heidenroslein*, von Rilkes *Der Panther* bis zu Brechts *Erinnerung an die Marie A.*, von Georg Kreislers *Der Tod muß ein Wiener sein* bis zu Ingeborg Bachmanns *Gestundete Zeit.*

Die besten deutschen Gedichte. Ausgewählt von Marcel Reich-Ranicki. insel taschenbuch 4186. 306 Seiten

NF 323/1/2.16

Der Erzählkanon vom größten deutschen Literaturkritiker

Aus dem gewaltigen Erzählfundus der deutschsprachigen Literatur hat Marcel Reich-Ranicki Texte ausgewählt, die bis heute nicht an Bedeutung, Lebendigkeit und Glanz verloren haben.

Erzählungen aus drei Jahrhunderten, von der Klassik bis zur Gegenwart:
Von Wilhelm Hauffs *Geschichte vom Kalif Storch* bis Alfred Döblins *Ermordung einer Butterblume*, von Heinrich Bölls *Wanderer, kommst du nach Spa...* bis Martin Walsers *Selbstporträt als Kriminalroman.*

Die besten deutschen Erzählungen. Ausgewählt von Marcel Reich-Ranicki. insel taschenbuch 4185. 360 Seiten

NF 322/1/2.16